MINIMAL LIFE

MIT WENIGER ZU MEHR

RACHEL AUST

MINIMAL LIFE

MIT WENIGER ZU MEHR

INHALT

EINLEITUNG

Bevor du zu sehr damit beschäftigt bist, deine Schränke zu entrümpeln, deinen Kalender zu organisieren und zu lernen, wie du die Unordnung für immer in Schach hältst, wollen wir uns mit den Grundlagen des Minimalismus beschäftigen. Vielleicht fragst du dich zum Beispiel, was Minimalismus eigentlich ist? Warum und für wen er wichtig ist? In diesem Kapitel bekommst du eine Vorstellung davon, wie du Minimalismus in dein Leben integrieren kannst, ganz unabhängig von deinen Lebenserwartungen, Karrierezielen oder deiner familiären Situation.

WAS IST
MINIMALISMUS?

Minimalismus bedeutet …

… davon überzeugt zu sein, dass das Glück nicht davon abhängt, wie viel man besitzt.

… sich von Unnötigem zu trennen.

… Ablenkungen auszuschalten.

… eine Möglichkeit, sich seine Zeit zurückzuholen.

… einen bewussten Lebensstil, durch den man erkennt, was einem wirklich wichtig ist.

… Einfachheit.

… Freiheit.

HÄUFIGE FALSCHE VORSTELLUNGEN VON MINIMALISMUS

Wer anfängt, sich mit Minimalismus zu beschäftigen, hat viele Fragen zu diesem Lebensstil, und in Gesprächen und online tauchen immer wieder die gleichen falschen Vorstellungen auf. Schauen wir uns diese an, bevor du deinen eigenen minimalistischen Weg beschreitest. Das Wichtigste am Minimalismus ist, dass man seinen eigenen Lebensstil gestaltet, in dem nur das Platz hat, was man liebt und woran man Freude hat. Um das zu erreichen, muss man keine streng festgelegten und sofort in die Tat umzusetzenden Regeln befolgen.

MAN DARF KEINE SCHÖNEN DINGE BESITZEN

Das hängt davon ab, wie minimalistisch du persönlich leben willst. Du kannst sparsam sein, nur Second-Hand-Sachen kaufen und alle Ausgaben auf das beschränken, was du zum Überleben brauchst, oder du kannst weniger kaufen, aber dafür hochwertige Sachen. Du selbst entscheidest, wofür du dein Geld ausgibst.

MINIMALISTEN MÜSSEN GENAU WISSEN, WIE VIELE DINGE SIE BESITZEN

Dieses Konzept wurde von einigen Minimalismus-Bloggern initiiert, die die Sachen, die sie besaßen, gezählt und in ihren Blogs die genaue Anzahl angegeben haben. Das kann für manche auf dem Weg zum Minimalismus hilfreich sein, um Dinge auszusortieren; andere empfinden es vielleicht als zu restriktiv und stressig. Du selbst entscheidest.

MINIMALISTEN TRAGEN NUR SCHWARZ, WEISS ODER GRAU

Viele Minimalisten entscheiden sich für eine Garderobe mit begrenzter Farbpalette, weil man dadurch mehr Kombinationsmöglichkeiten mit weniger Kleidungsstücken hat. Das muss aber nicht sein. Bring so viel Farbe, wie du möchtest, in deinen Kleiderschrank – und in dein Leben.

MINIMALISTEN SIND IMMER SINGLES

Viele glauben, dass man nur Minimalist sein kann, wenn man Single ist und/oder allein lebt. Das stimmt nicht. Man kann auch in einem Familienhaushalt einen minimalistischen Stil pflegen, um von dessen Vorteilen zu profitieren.

MINIMALISTEN MÜSSEN VEGANER SEIN

Manche Minimalisten sind Veganer. Sie möchten ihre Ernährung vereinfachen und das konsumieren, was nicht so viele Ressourcen verbraucht. Aber Ernährung ist eine Entscheidung für einen Lebensstil, und man kann Minimalist sein, ohne Veganer zu sein.

MINIMALISMUS IST NUR EINE ÄSTHETISCHE ENTSCHEIDUNG

In den letzten Jahren ist es zu einem Trend geworden, den Begriff »minimalistisch« auch für Inneneinrichtungs- und Modedesign zu verwenden. Es gibt einen ästhetischen Minimalismus, aber er unterscheidet sich grundlegend von einem umfassenden minimalistischen Lebensstil.

SEINEN CO$_2$-FUSSABDRUCK REDUZIEREN

Auf jeden Fall sollst du dich frei fühlen, deinen individuellen Weg zum Minimalismus zu gehen. Es ist deine eigene Reise. Viele Minimalisten fühlen sich jedoch gerade von dem Aspekt dieses Lifestyles angezogen, der zu einer Reduktion ihres CO$_2$-Fußabdrucks führt. Minimalisten kaufen weniger, werfen also auch weniger weg.

SCHLUSS MIT FAST FASHION

Fast Fashion bedeutet, dass Kleidung kurze Zeit im Trend und dann ganz schnell wieder out ist. Man muss also ständig Neues kaufen, um das zu haben, was alle anderen gerade tragen. Jede Woche bekommen die Kaufhäuser neue Designs und bieten den Kunden die neusten Trends an. Fast Fashion ist meist billig – tatsächlich aber zu einem hohen Preis! Die Kleidung ist qualitativ minderwertig, sitzt nicht besonders gut und geht schnell kaputt. Fast Fashion bewirkt, dass man sich mit seiner Garderobe schnell langweilt.

Wenn man dagegen in qualitativ hochwertige Kleidung investiert, hält diese länger. Und wenn man nicht dauernd neue, billige Outfits kauft, trägt man auch nicht so stark zum Anwachsen der Berge aus alter Kleidung bei.

TRIFF KLUGE ESSENSENTSCHEIDUNGEN

Wenn du dein Essen in großen Mengen anstatt in vielen kleinen, abgepackten Portionen kaufst, hilfst du mit, die Erde mit weniger Plastikmüll zu belasten.

NOCH WEITER GEHEN

Zusätzlich entscheiden sich viele Minima-listen für eine vegane Ernährung und einen Zero-Waste-Lebensstil. Du musst diese Ein-stellungen nicht übernehmen, aber vielleicht können sie dir helfen, wenn du den Wunsch hast, weniger von den Ressourcen unserer Erde zu verbrauchen.

Vegane Minimalisten essen keine tierischen Produkte und verwenden sie auch nicht auf andere Art – sie verzehren kein Fleisch, keine Eier, keine Milchprodukte und benutzen auch keine Dinge aus Wolle oder Leder. Veganer ziehen im Allgemeinen frische Produkte vor, wenn dies möglich ist. So wird fast alles, was sie kaufen, auch verbraucht, und wenn es nicht gegessen wird, kann es kompostiert werden.

Zero-Waste-Minimalisten versuchen, mit so wenigen wie möglich abfallverursachenden Produkten zu leben. Dazu gehören zum Bei-spiel Plastikflaschen mit industriell hergestellten Reinigungsmitteln, Lebensmittelverpackungen und andere Dinge, die man nur kurz verwendet und schnell wieder wegwirft.

Auch wenn du so weit nicht gehen willst, kann dein minimalistischer Lebensstil doch dazu beitragen, dass die Abfallmenge, die die Müll-berge in der Welt anwachsen lässt, kleiner wird. Denke daran, klug einzukaufen und bewusst zu leben.

MINIMALISTISCHE **CHALLENGE** *Recycle einen kaputten Gegenstand aus deinem Zuhause, indem du ihn auseinandernimmst und einem neuen Zweck zuführst, Teile davon noch verwendest oder einen Teil davon wieder brauchbar machst.*

13

BESCHRÄNKUNG AUF DAS WESENTLICHE

In diesem Kapitel lernst du die grundlegenden Schritte auf dem Weg zum Minimalismus kennen. Damit du dich nicht überfordert fühlst und es mit dem Aussortieren deiner Sachen nicht gleich übertreibst, beginnst du mit Gerümpel und Gegenständen, die du kaum benutzt. Du trennst dich von Dingen, die nur deswegen noch da sind, weil du sie ganz vergessen hast, und gewöhnst dich langsam daran, alles, was du besitzt, daraufhin zu überprüfen, wie wichtig es für dich, deine Familie und deinen Lebensstil ist.

Nimm nacheinander jeden Gegenstand in die Hand – das zwingt dich zu einer Entscheidung – und stell dir folgende Fragen.

VORGEHENSWEISE

Du kannst mit dem Prozess des Entrümpelns in einem so kleinen Bereich wie einem Schubfach oder einem so großen wie einem Zimmer beginnen – wähle das, was dich am wenigsten abschreckt. Zunächst brauchst du vier Kisten oder Tüten, oder du legst die Sachen einfach auf verschiedene Stapel. Diese werden mit »Müll«, »verkaufen/verschenken/spenden«, »behalten« und »reparieren« bezeichnet.

Wenn es dir ernst damit ist, ein Minimalist zu werden, solltest du die Fragen ehrlich beantworten und die im Flowchart angegebenen Schritte, ohne zu zögern, durchführen.

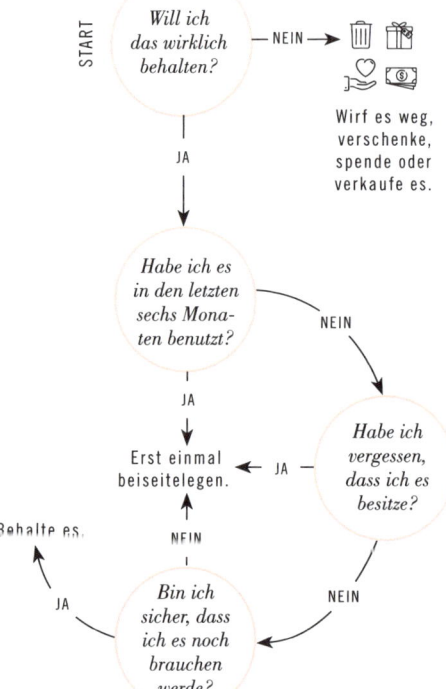

START

Will ich das wirklich behalten?

— NEIN → Wirf es weg, verschenke, spende oder verkaufe es.

JA

Habe ich es in den letzten sechs Monaten benutzt?

NEIN

JA

Erst einmal beiseitelegen.

Habe ich vergessen, dass ich es besitze?

← JA —

Behalte es.

NEIN

Bin ich sicher, dass ich es noch brauchen werde?

JA

NEIN

Wichtig: Konzentriere dich auf das, was du behalten willst, nicht auf das, was du aussortierst.

Nachdem du mit allen Sachen Schritt 1 durchgeführt hast, schau dir noch einmal die Dinge an, die du erst einmal beiseitegelegt hast. Nimm jedes einzelne in die Hand und stell dir die folgenden Fragen.

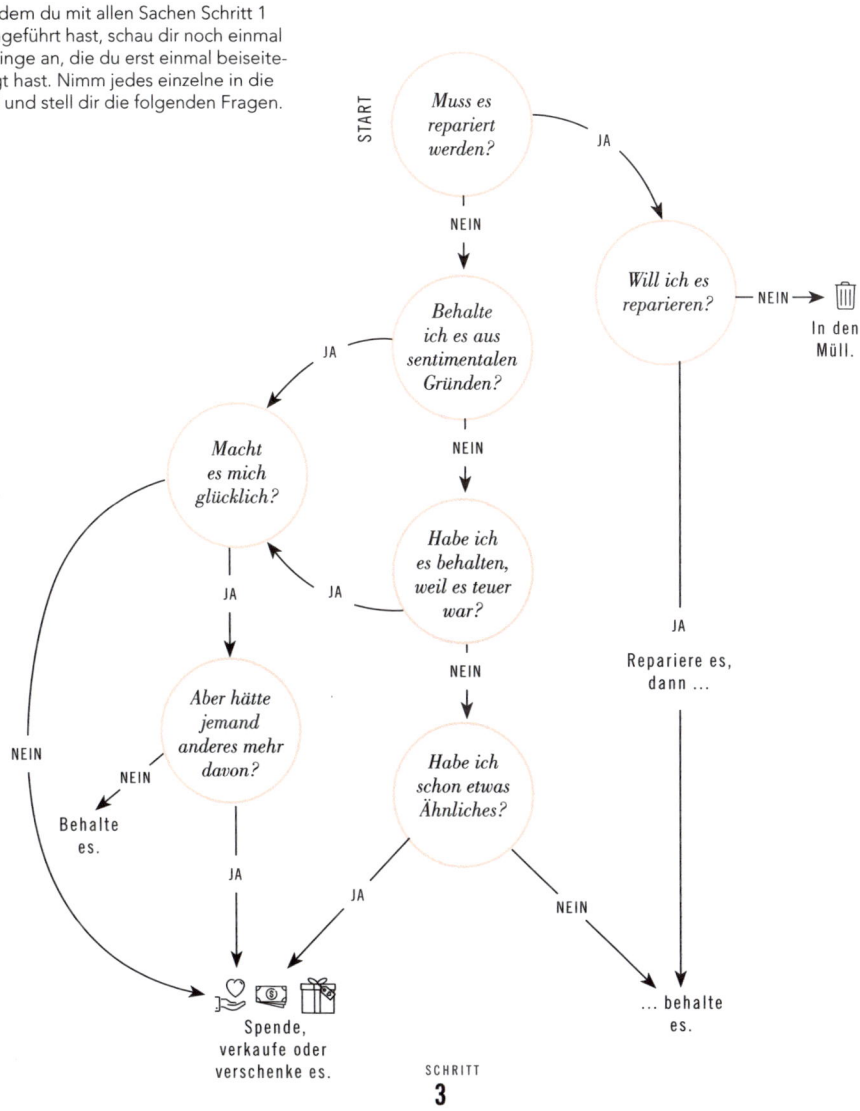

START

Muss es repariert werden?

JA

NEIN

Will ich es reparieren?

NEIN → 🗑 In den Müll.

Behalte ich es aus sentimentalen Gründen?

JA

Macht es mich glücklich?

NEIN

JA

Habe ich es behalten, weil es teuer war?

JA

NEIN

JA

Aber hätte jemand anderes mehr davon?

NEIN

JA

Repariere es, dann ...

Behalte es.

Habe ich schon etwas Ähnliches?

JA

NEIN

NEIN

Behalte es.

🤍 💵 🎁

Spende, verkaufe oder verschenke es.

... behalte es.

Wenn du Schritt 2 beendet hast, gehe weiter zur nächsten Seite.

25 DINGE, DIE MAN OHNE NACHZUDENKEN WEGWERFEN BZW. WEGGEBEN KANN

1

Kaputte elektrische oder elektronische Geräte

2

Abgelaufene Make-up-Produkte

3

Alte Quittungen

4

Alte Notizbücher

5

Abgelaufene Medikamente

6

Verdorbenes Essen

7

Essensbehälter ohne Deckel

8

Kaputte oder ausgetrocknete Schreibgeräte

9

Alte, unwichtige Papiere und Dokumente

10

Abgetragene Schuhe

11

Nicht mehr benutzte
CDs und DVDs

16

Abgelaufene
Hautpflegeprodukte

21

Nicht mehr benutzte
Portemonnaies oder
Handtaschen

12

Kleidung, die
nicht passt

17

Alte Zeitschriften
und Zeitungen

22

Socken oder
Strümpfe mit Löchern

13

Alte Batterien

18

Spielzeug, das Kinder oder Haustiere
nicht benutzen

23

Altes,
unpraktisches
Kochgeschirr

14

Unbenutztes
Handwerkszubehör

19

Abgenutzte
Bettwäsche

24

Abgenutzte Handtücher und Badematten

15

Nicht beendete
Projekte

20

Unbenutzte oder
kaputte Kleiderbügel

25

Rätselhafte
Schlüssel

TIPPS, UM SICH VON ÜBERFLÜSSI-GEM ZU TRENNEN

Von manchen Dingen trennt man sich schwerer als von anderen. Dazu gehören vor allem mit Gefühlen verbundene Sachen, teure Gegenstände und Geschenke von Menschen, die man mag

Vielleicht sind in deinem »Behalten«-Stapel noch immer Sachen, von denen du dich lösen kannst – checke diesen Stapel noch einmal.

DENKANSTÖSSE

Berücksichtige beim Beantworten der Fragen in dem Entscheidungsbaum rechts folgende Punkte.

TRENNE DICH VON SYMBOLEN

Ein Gegenstand kann für dich eine Erinnerung oder ein Symbol für einen besonderen Moment oder eine besondere Zeit in deinem Leben sein oder dich an einen lieben Menschen erinnern. Aber der Gegenstand selbst ist nicht diese Person oder diese Zeit. Wenn er nicht zum sinnvollen Gebrauch oder zur Schönheit deines Zuhauses beiträgt, mach ein Foto davon, dann trenn dich von ihm.

SEI REALISTISCH

Antworte ehrlich: Wenn jemand dir den Gegenstand gestohlen hätte, würdest du ihn ersetzen?

SETZ DIR EIN ZEITLIMIT

Wenn du dir eine bestimmte Zeit für deine Entscheidung gibst, wirst du nicht stundenlang überlegen, ob du diesen selten getragenen Pulli, den du geschenkt bekommen hast, jemals wieder tragen wirst oder nicht. Ein Zeitlimit bewirkt, dass du dich mehr auf dein Bauchgefühl verlässt.

BEDENKE DEN WERT

Wenn du einen Gegenstand behalten möchtest, ist es wegen seines finanziellen oder des ideellen Werts? Überlege, ob du einen teuren Gegenstand verkaufen oder spenden könntest, damit er das Leben von jemandem bereichert, der ihn wirklich braucht.

SCHAU IN DIE ZUKUNFT

Denk in der Zeit voraus: Wird dieser Gegenstand dir wirklich nützen, oder ist er nur eine weitere Sache, die du behältst, weil »man« so etwas hat oder es von dir erwartet wird?

Such zunächst die teuren und die mit Erinnerungen verbundenen Gegenstände aus deinem »Behalten«-Stapel, dann beantworte Schritt für Schritt für jeden folgende Fragen.

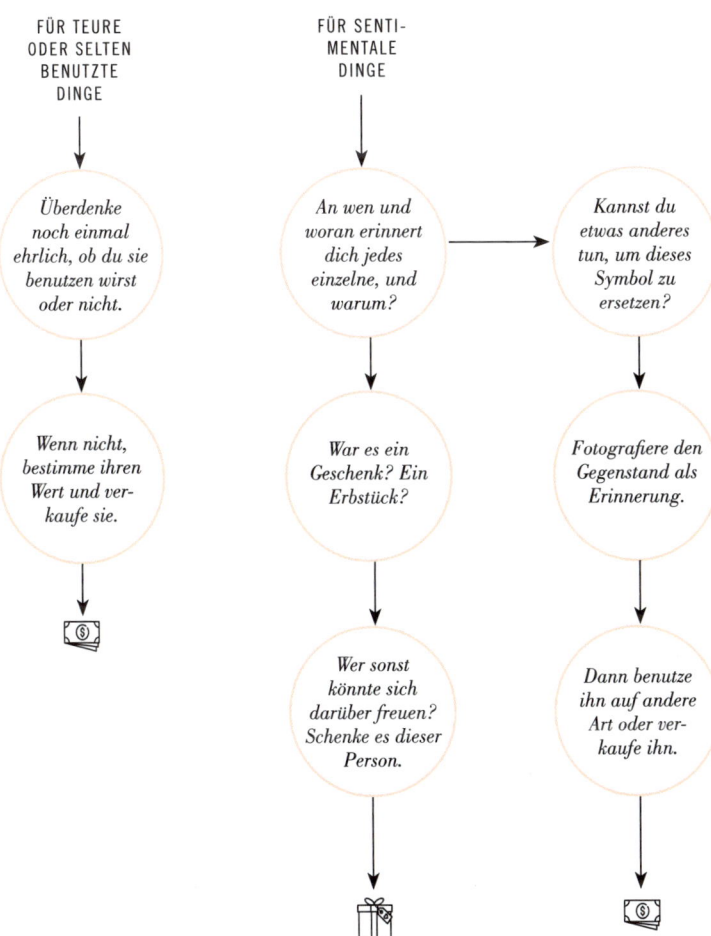

FÜR TEURE ODER SELTEN BENUTZTE DINGE

Überdenke noch einmal ehrlich, ob du sie benutzen wirst oder nicht.

Wenn nicht, bestimme ihren Wert und verkaufe sie.

FÜR SENTIMENTALE DINGE

An wen und woran erinnert dich jedes einzelne, und warum?

War es ein Geschenk? Ein Erbstück?

Wer sonst könnte sich darüber freuen? Schenke es dieser Person.

Kannst du etwas anderes tun, um dieses Symbol zu ersetzen?

Fotografiere den Gegenstand als Erinnerung.

Dann benutze ihn auf andere Art oder verkaufe ihn.

ÜBERTREIB ES NICHT

Wenn man anfängt, sich von materiellen Dingen zu trennen, die nicht positiv zum Leben beitragen und einen niederdrücken, fühlt sich das richtig gut an. Vergiss darüber nicht, dass du einige Sachen behalten musst, die zu deiner Lebensqualität beitragen und dein Zuhause funktional gestalten. Folgende Überlegungen bewahren dich davor, dich von zu vielen Dingen zu trennen.

MINIMALISTISCHE
CHALLENGE   *Kaufe 24 Stunden lang gar nichts.*

DENK AN ANDERE JAHRESZEITEN

Das ist besonders wichtig, wenn du deinen Kleiderschrank aussortierst. Was du besitzt, sollte alle vier Jahreszeiten abdecken, nicht nur die gerade herrschende.

BEENDE, WAS DU BEGONNEN HAST

Spring beim Entrümpeln nicht von einem Zimmer ins andere oder von einer Schublade zur anderen. Konzentriere dich auf einen Bereich und beende diesen, bevor du mit dem nächsten anfängst.

HAB KEINE ANGST, DASS ES BEI DIR NICHT MINIMALISTISCH GENUG IST

Du kannst später noch deine Sachen anders unterbringen, aber wenn du dich von zu vielen Dingen trennst, die du jetzt benutzt, dann wirst du sie später neu kaufen müssen.

VERGLEICH DICH NICHT MIT ANDEREN

Nur weil jemand anderes aus einem Rucksack leben kann, muss das für dich noch lange keine Option sein. Vielleicht lebst du mit Kindern oder anderen Familienmitgliedern zusammen oder brauchst bestimmte Sachen für deine Arbeit. Richte dich nicht nach dem Lebensstil von anderen.

LASS DIR ZEIT

Versuch nicht, alles Überflüssige an einem Tag loszuwerden. Setz dir Ziele und kleine Aufgaben, damit du beurteilen kannst, welche Dinge du brauchst.

LASS ANDERE IHREN WEG SELBST BESTIMMEN

Wirf während deiner Entrümpelungsaktion nichts weg, was deinem Lebenspartner/ deinen Mitbewohnern/deiner Familie gehört. Das würde nur Ärger verursachen. Respektiere den Besitz und die Wünsche anderer.

ORGANISIERE DICH

Organisation und Minimalismus sind nicht dasselbe. Auch wenn es sich erst einmal gut anfühlen mag, all deinen Krimskrams in hübschen, zueinander passenden Behältern unterzubringen, sind diese ganzen Sachen ja immer noch da. Wenn man aber wirklich beginnt, sich von Unnötigem zu lösen und es aus seinem Leben zu entfernen, setzt das gute Gefühl ein, weniger zu besitzen und tatsächlich mit einem bewusst gestalteten Leben zu beginnen. Die Sachen gut organisiert unterzubringen, die man übrig hat, befriedigt das Bedürfnis nach Ordnung und schafft ein Bewusstsein von dem, was man besitzt.

BRINGE TÄGLICH GENUTZTE SACHEN GUT ZUGÄNGLICH UNTER

So musst du keine »verloren gegangenen« Gegenstände nachkaufen, die in Wirklichkeit noch irgendwo versteckt liegen.

GIB AUCH WENIGER OFT GENUTZTEN SACHEN IHREN EIGENEN PLATZ

So lassen sie sich leicht auffinden. Keine wirklich guten Stellen, um etwas schnell zu finden, sind vollgekramte Kisten, Schubfächer oder das Gästezimmer. Je weniger du besitzt, desto mehr Dinge kannst du dort unterbringen, wo du dich auch häufig aufhältst.

VERSTAUE NÖTIGE, ABER SELTEN BENUTZTE SACHEN ZUSAMMEN

Das können Sachen für eine andere Jahreszeit sein wie deine Wintergardrobe oder Werkzeuge, die du nicht dauernd brauchst, die aber trotzdem wichtig sind, zum Beispiel ein Hammer und ein Schraubenzieher. Bringe ähnliche Dinge am selben Ort unter.

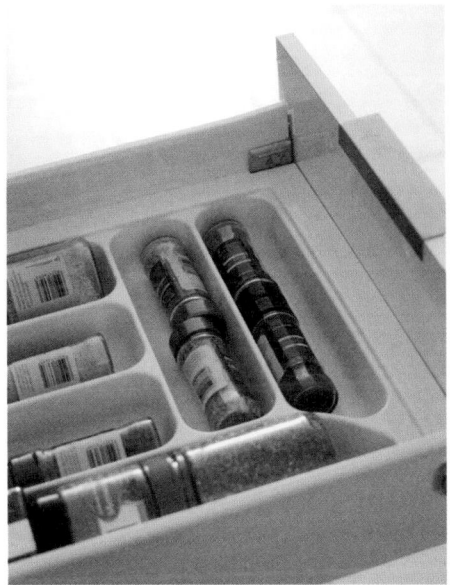

BEHÄLTER UND ORDNUNGSSYSTEME

Hier sind ein paar Ideen, um Gegenstände gut organisiert zu verstauen – außer Sicht oder auch gut sichtbar.

Klappboxen

In Klappboxen kannst du Sachen in Schränken einordnen. Wenn du später ausmistest und sie nicht mehr brauchst, klappst du die Boxen einfach zusammen.

Besteckkästen

Nicht nur für Besteck! Darin bewahrst du auch Gewürzgläser und andere zylindrische Gegenstände davor, in deinen Schüben herumzurollen.

Gläser mit Schraubverschluss

Diese Gläser, die es in allen Größen gibt, sind eine praktische Lagermöglichkeit für viele Dinge – von Büromaterial bis zu Lebensmittelvorräten. Und sie sehen auch noch hübsch aus.

MINIMALISTISCHE **CHALLENGE**   *Räume deine externe Festplatte auf.*

*»Perfektion ist nicht dann erreicht, wenn nichts mehr hinzuzu-
fügen ist, sondern wenn man nichts mehr wegnehmen kann.«*

– Antoine de Saint-Exupéry (1900–1944), Autor von Der kleine Prinz

MINIMALISMUS- CHALLENGE FÜR 30 TAGE

TAG	TO-DO
1	Bestimme deinen persönlichen Stil (sowohl für Kleidung als auch Einrichtung).
2	Nimm dir 20 Minuten Zeit nur fürs Saubermachen; wiederhole das täglich.
3	Entscheide dich für 20 Kleidungs-Basics.
4	Sortiere Kleidung und Schuhe aus.
5	Entrümpele deine Küche (Speisekammer und Schränke).
6	Überprüfe dein Budget.
7	Reinige alle Tisch-/Ablage- oberflächen in deinem Zuhause.
8	Überprüfe alle Sollposten oder alte, regelmäßige Zahlungen (vielleicht brauchst du sie nicht mehr).
9	Setz dir in jedem dieser Bereiche ein langfristiges Ziel: Gesund- heit, Finanzen, Zufriedenheit und Wissen.
10	Trag dich von Marketing- und Newsletterlisten aus.
11	Digitalisiere so viele Papier- dokumente wie möglich.

TAG	TO-DO		TAG	TO-DO
12	Entwirf einen für dich geeigneten Planer (in einem Notizbuch oder deinem Handy).		22	Entrümple Lagerräume (Wäscheraum, Garage, Dachboden usw.).
13	Setz dir drei kurzfristige Ziele (erreichbar in 3–6 Monaten) für Gesundheit, Finanzen, Zufriedenheit und Wissen.		23	Bestimme 30 Minuten in deinem Tagesplan, in denen du abschaltest.
14	Richte einen Dauerauftrag für Abbuchungen auf dein Sparkonto ein.		24	Sortiere Bücher, DVDs, CDs und andere physische Medien aus.
15	Lösche deine E-Mail-Posteingänge, bis sie gegen Null gehen.		25	Strukturiere deinen Schreibtisch oder deinen Arbeitsplatz neu.
16	Sortiere dein Make-up und deine Haut- und Haarpflegeprodukte aus.		26	Überprüfe, welche mit Gefühlen verbundenen Sachen du wirklich behalten willst.
17	Nimm alle Sachen von den Wänden und häng nur die wichtigen wieder auf.		27	Plane sieben Tage mit selbst zubereitetem Essen – alle Mahlzeiten – und erstelle eine Einkaufsliste.
18	Mach ein Back-up von allen wichtigen Daten, dann lösche alle unnötigen Apps/Ordner von Handy und Computer.		28	Sortiere deine Accessoires aus (Sonnenbrillen, Schmuck, Taschen) und behalte nur die Basics.
19	Verbringe einen Tag ganz ohne soziale Medien.		29	Bestimme Tage und Zeiten in der Woche, an denen du Dehnübungen machst und achtsames Atmen praktizierst.
20	Übe achtsame Atemtechniken.		30	Leg deine nächsten Ziele fest.
21	Soziale-Medien-Entrümpelung: Lösche dich als Freund/in und Follower/in.			

ENTRÜMPLE
DEINEN GEIST

Der angenehme Nebeneffekt eines Lebens
in einer minimalistischen Umgebung ist oft ein
ruhiger und klarer Geist. Dein Denken kann sich
besser fokussieren, wenn es weniger visuelle
Ablenkung gibt. Seinen Geist zu entrümpeln,
ist eine sehr gute Methode, um Stress zu verringern und den Rest deines Tages produktiver
zu machen. Es gibt viele Möglichkeiten, diese
Geisteshaltung noch stärker zu kultivieren.

VERSUCHE DIESE METHODEN ZUR ENTRÜMPELUNG DEINES KOPFES

Mach einen Spaziergang.

Meditiere.

Lass dich auf die Natur ein.

Lass dich akupunktieren.

Praktiziere achtsame Atemübungen.

Schreibe Tagebuch.

Konzentriere dich nur auf eine Aufgabe.

Verbessere deinen Schlaf.

Sieh weniger fern.

Nimm ein ausgedehntes Bad.

Achte darauf, deinen Kalender nicht zu überfrachten.

Geh schwimmen.

Zeichne.

Male.

Sitz an einem Strand.

Mach Yoga oder Pilates.

Schalte deinen Computer aus.

MINIMALISTISCHE
CHALLENGE   *Meditiere 15 Minuten lang.*

VEREINFACHE DEIN ZUHAUSE

Ein einfaches Zuhause, frei von über-
flüssigem Kram, von nicht benutzten
Dingen und unnötigen Möbeln, erspart
dir Reinigungszeit, lässt Zimmer offener
wirken und bringt mehr Frieden in dein
alltägliches Leben. Dein Zuhause zu vereinfachen, bedeutet jedoch nicht, dass
du dich rigoros von allem trennen musst.
Du selbst bestimmst die Regeln. Aber
vielleicht findest du es ja nützlich, nach
diesem Konzept zu leben: Alles, was du
in deinem Heim behältst, muss entweder
einen Zweck haben oder zu dessen
Schönheit beitragen.

GESTALTEN EINER MINI- MALISTISCHEN EINRICHTUNG

Es hat viele Vorteile, wenn du dein Zuhause minimalistisch gestaltest. Es lässt sich leichter reinigen, es sieht schöner aus, und weniger Sachen zu haben, kann sogar deinen Stress verringern. Doch deswegen muss es bei dir nicht aussehen, als hättest du dein Wohnzimmer gerade nach den beliebtesten Pinterest-Posts eingerichtet. Konzentrier dich auf das, was für dich am wichtigsten ist und was du für dein Leben brauchst.

Du musst nichts haben, nur weil alle anderen es haben. Wir sind mit der Erwartung aufgewachsen, dass Bereiche in der Wohnung oder im Haus ein bestimmtes Aussehen haben sollen – im Wohnzimmer sollte zum Beispiel ein Fernseher stehen, ein Bücherregal, ein großes Sofa, ein Sofatisch und Lautsprecher; dann sollte da wenigstens noch ein Teppich liegen, und es sollte ein paar Deko-Objekte geben. Aber wenn du dein Zuhause anders nutzt, brauchst du dich an solche Regeln nicht zu halten und kannst stattdessen einen Raum schaffen, in dem du dich wirklich wohlfühlst.

WIE DU DAS BESTE AUS DEINEM WOHN-RAUM MACHST

DOS

Halte die Oberflächen frei von unnützem Krimskrams (Oberflächen müssen benutzbar sein).

Entscheide dich für helle Farben, sie öffnen den Raum.

Behalte nur Dinge, die funktional sind oder Schönheit in den Raum bringen.

DON'TS

Stelle dein Zuhause nicht mit Möbeln voll, die zu groß sind und den Raum eng machen.

Kaufe keine Dekostücke, nur weil sie gerade im Trend sind.

Behalte keine Deko und Krimskrams »für alle Fälle« – diese Sachen stopfen den Raum voll.

BEHAGLICHE EINRICHTUNG

Beruhigend.

Bequem.

Gemütlich.

Ausdrucksvoll.

1
Wähle ein paar gut ausgesuchte Accessoires, um deinem Raum Wärme zu verleihen.

2
Vermeide bei Accessoires harte Materialien wie Plastik und Metall.

3
Schaffe mit Lampen Atmosphäre.

4
Wähle für die Hauptfarbpalette sanfte, neutrale Töne.

5
Verwende für eine einladende Atmosphäre viele Pflanzen oder Kunstobjekte.

KLARE EINRICHTUNG

Glatt.

Stark.

Puristisch.

Raffiniert.

1

Wähle starke Linien und klare Farben, zum Beispiel Schwarz, Grau oder Weiß.

2

Entferne alle Gegenstände, die keine Funktion haben, oder lagere sie anderswo. Komm mit so wenigen Möbeln wie möglich aus.

3

Bring sehr viel Licht in den Raum.

4

Spiel mit Oberflächentexturen, vor allem reflektierenden oder matten.

5

Benutze geschlossene Lagermöglichkeiten.

GENÜGSAME EINRICHTUNG

Recycelt.

Shabby Chic.

Vintage.

Freundlich.

1

Kaufe in Second-Hand-Läden (oder suche online nach gebrauchten Sachen).

2

Funktioniere andere Möbelstücke für deine Zwecke um.

3

Repariere anstatt durch Neues zu ersetzen.

4

Nimm dir Zeit, um Sachen von guter Qualität zu finden, und richte langsam ein.

5

Streiche Möbel in neuen Farben, um sie aufzufrischen, und füge neue Kleinteile hinzu wie Drehknöpfe oder Griffe.

ALLES HAT
SEINEN PLATZ

Wenn du deinen Sachen ein »Zuhause« gibst
und ähnliche Dinge zusammen am selben Ort
aufbewahrst, findest du sie leichter, wenn du
sie das nächste Mal brauchst. So musst du nicht
deswegen etwas neu kaufen, weil du nicht mehr
weißt, wo es ist.

Deine Gebrauchsgegenstände müssen nicht irgendwo versteckt in einem Schrank verstaut werden. Sie können auch offen und sichtbar untergebracht werden: Zum Beispiel kannst du deine Schlüssel, deine Brieftasche und deine Sonnenbrille auf eine Bank oder einen Tisch in eine hübsche Schale legen.

Folgende Sachen könntest du zusammen unterbringen.

IM SCHRANK ODER AUF DEM KLEIDERSTÄNDER

- Kleidung für die aktuelle Jahreszeit
- Schuhe
- Taschen
- Unterwäsche/Nachtwäsche

IN EINER BOX ODER EINER SCHUBLADE

- Kunstmaterialien
- Bleistifte
- Schreibzeug
- Tagebuch

IN EINER SCHALE ODER AUF DEM TISCH

- Schlüssel
- Brieftasche
- Brille, Sonnenbrille

IM SCHRANK

- Bett- und Tischwäsche
- Handtücher
- Kleidung für andere Jahreszeiten

IN SCHRÄNKEN ODER TIEFEN KÜCHENSCHÜBEN

- Töpfe und Pfannen
- Lunchboxen, Behälter für Essen auf Reisen
- Küchenzubehör (Mixer, Küchenmaschine, Toaster)

MUSCHEL: Heiter, natürlich, einladend

FARBPALETTEN

Mit einer bestimmten Farbpalette für Wände
und Dekor kannst du erreichen, dass dein
Zuhause einen einheitlichen Look bekommt
und sich kein unnötiger Krimskrams ansammelt.
Die Auswahl der richtigen Farben für dich (und
deine Familie) kann ein emotional gesundes
Zuhause schaffen, eine Umgebung, in der du
dich so wohl fühlst, dass du dich entspannst
und jeglicher Stress von dir abfällt. Die folgenden neun Farbpaletten mit je einer Wandfarbe
und passenden Schattierungen für Möbel
und Deko sind als Hilfe beim Gestalten einer
beruhigenden Umgebung gedacht. Du kannst
sie kopieren, dich von ihnen inspirieren lassen
oder natürlich deine ganz eigenen Farben
zusammenstellen.

BEWÖLKT: Ruhig, stilvoll, zurückhaltend

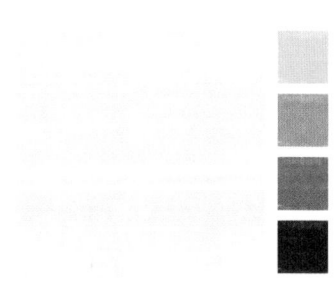

KIRSCHBLÜTE: Romantisch, warm, anmutig

EUKALYPTUS: Beruhigend, natürlich, regenerierend

KANARIENFARBEN: Belebend, aufbauend, erfrischend

FEDER: Heimelig, ruhig, heiter

WEIZEN: Weich, sanft, bezaubernd

NEUTRAL: Raffiniert, klar, glatt

QUARZ: Fein, lieblich, dezent

IN DEINEM ZUHAUSE BRAUCHST DU NUR DIESE 45 DINGE

1   Bett
2   Bettwäsche
3   Kissen
4   Nachttisch
5   Sofa
6   Esstisch und Stühle
7   Schreibtisch mit Bürostuhl
8   Spiegel
9   Vorhänge oder Rollos
10 Lebensmittel
11 Kühlschrank und Tiefkühlschrank
12 Mikrowelle
13 Herd und Backofen
14 Kochgeschirr
15 Teller
16 Schüsseln
17 Besteck
18 Gläser
19 Geschirrtücher
20 Lampen
21 Abfalleimer
22 Mülltüten
23 Wertstoffmülleimer

»Der Bildhauer schafft die schöne Statue, indem er solche Teile des Marmorblocks wegnimmt, die nicht gebraucht werden – es ist ein Prozess der Entfernung.«

– Elbert Hubbard (1856–1915), Schriftsteller, Verleger, Künstler und Philosoph

PRÄSENTATION VON GEGENSTÄNDEN

Auch ein minimalistischer Wohnraum braucht nicht ohne jede Dekoration auszukommen. Nimm dir die Freiheit, dich auszudrücken, indem du Dinge behältst, die dir wichtig sind.

Hängeregale

HÄNGEREGALE

In der Wand verankerte Regale sind eine tolle Möglichkeit, um Sachen unterzubringen und sie so vom Boden oder von Oberflächen verschwinden zu lassen. Weil sich diese Regale an beliebigen Stellen an der Wand anbringen lassen, kann man mit ihnen ein Design schaffen, das einem gefällt. Und sie sehen viel anmutiger aus als die üblichen Standregale.

OBJEKTE AUSSTELLEN

Auf ein Regal oder eine Oberfläche nur ein einziges Objekt zu stellen, anstatt es mit vielen Sachen zu umgeben, macht aus diesem Stück ein Statement – ob es nun ein einzelnes Foto ist oder ein Gegenstand, den du besonders magst.

Wie bestimmst du also, was du präsentierst? Nun, das ist deine eigene Entscheidung! Vielleicht veränderst du gern oft etwas für einen immer neuen Anblick, oder du wählst Sachen, die du besonders dekorativ findest. Und denk daran, auch Gebrauchsgegenstände, die du oft benutzt, können besonders ausgestellt werden.

Ein aus-
gestelltes
Objekt

MINIMALISTISCHE PRÄSENTATIONSMITTEL

Floating Frames   In sogenannten Floating Frames scheint das Bild zu schweben, weil es mit Glas anstatt mit Papier, Karton oder Holz umgeben ist. Der Verlauf der Wand wird dadurch weniger stark unterbrochen, die Wand erscheint größer und der Raum weitläufiger. Diese Rahmen haben oft ein schlichtes Design und übertrumpfen das ausgestellte Bild nicht.

Drahtgitter   Ein Drahtgitter ist eine tolle Möglichkeit, um deine Inspirationen oder Stimmungsbilder für gerade anstehende Projekte zu präsentieren. Du brauchst nur ein Gitter aus einem Eisenwarenladen und ein paar kleine Klammern aus einem Bastelladen. Entweder hängst du das Gitter an die Wand oder stellst es für einen lässigeren Look daran. Der große Vorteil dieses Präsentationssystems: Du kannst die ausgestellten Gegenstände jederzeit verändern. Du kannst das Gitter auch farbig ansprühen.

DIY-Sortierbehälter   Du kannst dir solche Sortiersysteme natürlich kaufen, aber du kannst sie auch zum Beispiel aus Sperrholz selber machen und so genau auf deine Bedürfnisse zuschneiden. Das könnte zum Beispiel ein Brett für deinen Eingangsbereich sein, auf das du Schlüssel, Brieftasche und Kleinkram legst, oder eine Schmuckbox, um alle Ketten, Ringe und Uhren am selben Ort aufzubewahren.

Draht-
gitter

MINIMALISTISCHE
CHALLENGE

Ersetze eine große Anzahl Fotos durch eine Diashow in einem digitalen Bilderrahmen.

LUFTIGE, HELLE ORTE SCHAFFEN

Licht und Luft lassen deine Räume nicht nur größer erscheinen, als sie sind, sondern eine helle,
luftige Umgebung vermittelt auch ein Gefühl der
Ruhe. Dies wiederum macht aus deinem Zuhause
einen Ort der Entspannung und Erholung

GRÖSSE DER MÖBEL

Achte auf die Größe deiner Möbel. Wenn du in einer kleinen Wohnung wohnst, wähle kleine Möbel, um die Illusion von Raum zu schaffen, zum Beispiel eine Bettcouch und keine großen Sessel, oder ein schmales Bettgestell anstatt eines wuchtigen. Leichte Möbel mit klarer, niedriger Silhouette helfen dabei, ein Zimmer luftig aussehen zu lassen.

SPIEGEL

Verteile Spiegel in deinem Heim so, dass sie das meiste Licht reflektieren und den Raum so optisch öffnen.

BELEUCHTUNG

Viel Licht in deinem Zuhause ist der Schlüssel dazu, dass es offen und groß wirkt. Wenn es dunkel ist, kannst du mit LED-Lampen, die keine Wärme ausstrahlen, das Gleiche bewirken.

WEISSE OBERFLÄCHEN

Mit weißen Oberflächen wirken Schränke, Schreibtische und Tische weniger massiv.

WANDFARBEN

Neutrale oder helle Wandfarben erzeugen die Illusion, dass der Raum größer und heller als in Wirklichkeit ist.

PFLANZEN

Mit Pflanzen atmet ein Raum mehr Leben, er erscheint weniger sachlich und wirkt frischer.

GARDINEN UND VORHÄNGE

Vermeide schwere Stoffe für Gardinen, die viel Raum einnehmen. Eine Ausnahme bilden sehr große Zimmer. Ansonsten lieber leichte, luftige Stoffe verwenden oder Rollos, die man aufgerollt fast gar nicht sieht. Auch Vertikaljalousien sind eine elegante, unaufdringliche Lösung.

HELLFARBIGE STOFFE

Helle Stoffe für Sofas, Betten und Kissen minimieren das visuelle »Gerümpel« und lassen die Möbel kleiner erscheinen, sodass sie scheinbar weniger Platz einnehmen.

FUSSBÖDEN

Teppiche, Läufer und Matten in hellen Farben schaffen visuelle Weite. Achte auf einfaches Design, damit Teppiche nicht zum Zentrum des Raums werden.

DEKO

Beschränke deinen Kleinkram und Herumstehendes auf ein Minimum. Accessoires wie Vasen sind weniger auffällig, wenn sie aus klarem Glas sind, und Bilder erscheinen leichter in Floating Frames.

EFEUTUTE
(POTHOS)

Braucht helles, indirektes Licht. Wasser- oder Bodenkultur. Regelmäßig gießen, wenn der Boden trocken ist, ohne den Boden zu durchtränken.

BODEN: Gut durchlässige Blumenerde.

DÜNGUNG: Hauspflanzendünger, im Sommer zweimal im Monat, im Winter einmal monatlich.

ZIMMERPFLANZEN

Pflanzen im Wohnraum bewirken, dass man sich zu Hause fühlt. Abhängig von der Farbgestaltung der Einrichtung führt das Entrümpeln und extreme Reduzieren von Gegenständen manchmal dazu, dass Räume nüchtern und unvollendet wirken. Pflanzen sind die Zauberformel, um einen Raum warm und einladend wirken zu lassen – und sie haben noch den extra Vorteil, die Luftqualität zu verbessern. Hier ein paar pflegeleichte Sorten.

GOLDFRUCHTPALME
(ARECA-PALME)

Kultur in voller Sonne und in einem großen Topf. Gießen, bevor der Boden austrocknet. Füg dem Boden Wasserkristalle zu (sie geben das Wasser langsam ab, sodass du nicht so oft zu gießen brauchst).

BODEN: Reichhaltiger, feuchter Boden.

DÜNGUNG: Mulch, Kompost oder Universaldünger einmal im Monat.

WACHSBLUME
(HOYA)

Braucht helles Licht. Nicht zu häufig gießen, die Pflanze bevorzugt trockene Bedingungen.

BODEN: Gut durchlässig und leicht sauer.

DÜNGUNG: Universaldünger in wärmeren Monaten

MONSTERA DELICIOSA
(FENSTERBLATT, PHILODENDRON)

Mag indirektes Sonnenlicht. Regelmäßig gießen; die Blätter sollten aufrecht stehen, wenn die Pflanze genug Wasser hat.

BODEN: Die meisten Böden sind geeignet.
DÜNGUNG: Universaldünger in wärmeren Monaten.

ZAMIOCULCAS ZAMIIFOLIA
(ZAMIE, GLÜCKSFEDER)

Nicht zu viel gießen. Boden aber auch nicht zu viele Tage trocken lassen, obwohl diese Pflanze Trockenheit gut verträgt. Indirektes, helles Licht. Wächst am besten bei warmer Temperatur.

BODEN: Universalblumenerde.
DÜNGUNG: Universaldünger im Sommer.

GEIGENBLATT-FEIGE

Mag helles, indirektes Licht. Regelmäßig gießen. Feucht halten, aber nicht durchnässen, weil sonst die Wurzeln verfaulen können. Staub von den Blättern wischen, damit die Pflanze genug Licht bekommt.

BODEN: Gut durchlässiger Blumenerde.
DÜNGUNG: Schwacher Flüssigdünger in warmen Monaten.

SUKKULENTEN

Davon gibt es viele Sorten. Mögen helles Sonnenlicht. Kaum gießen.

BODEN: Flacher, gut durchlässiger Boden.
DÜNGUNG: Universaldünger in warmen Monaten.

KAKTEEN

Davon gibt es sehr viele Sorten. Mögen helles Sonnenlicht und brauchen kaum Wasser.

BODEN: Flacher, gut durchlässiger Boden.
DÜNGUNG: Universaldünger in warmen Monaten.

BOGENHANF
(SANSEVIERA, SCHWIEGERMUTTERZUNGE)

Blüht ganz unerwartet, wenn sie schon etwas älter ist. Die Blüten riechen intensiv und sehr angenehm. Mag indirektes Sonnenlicht. Nur selten gießen (im Winter sehr wenig Wasser).

BODEN: Gut durchlässige Erde.
DÜNGUNG: Universaldünger.

20 KÜCHEN-
BASICS

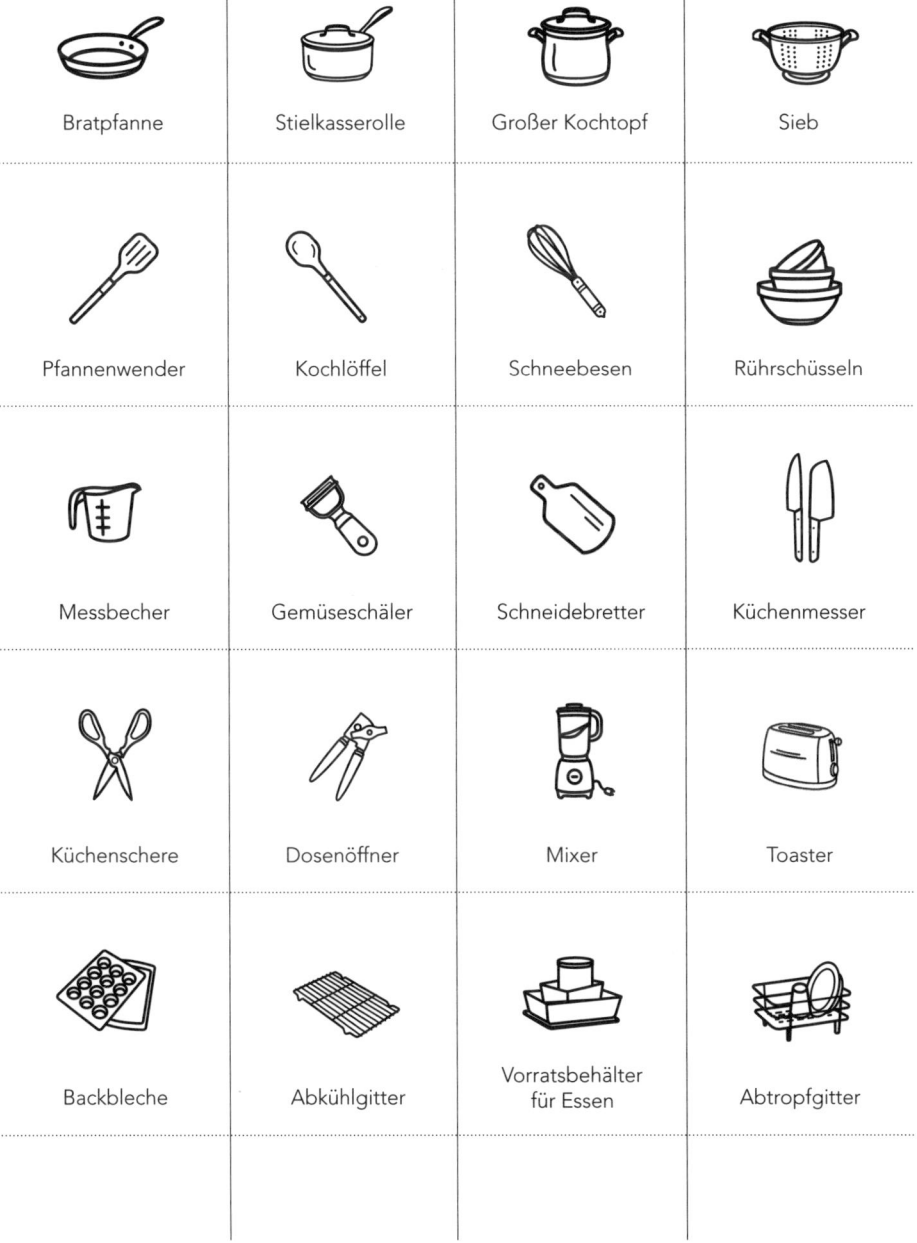

Bratpfanne

Stielkasserolle

Großer Kochtopf

Sieb

Pfannenwender

Kochlöffel

Schneebesen

Rührschüsseln

Messbecher

Gemüseschäler

Schneidebretter

Küchenmesser

Küchenschere

Dosenöffner

Mixer

Toaster

Backbleche

Abkühlgitter

Vorratsbehälter
für Essen

Abtropfgitter

SPEISEKAMMER- BASICS

Beim Organisieren deiner Speisekammer musst du ein paar Dinge bedenken: Wen versorgst du mit Essen? Musst du bestimmte Ernährungsregeln befolgen? Wie oft isst du selbst zubereitete Mahlzeiten? Diese Faktoren beeinflussen, welche Vorräte du daheim haben solltest.

LAGERUNG

Entscheide dich für Glasbehälter. Sie halten die Lebensmittel frisch und bringen Ordnung in die Speisekammer. So kannst du auch große Mengen kaufen. Trockene Lebensmittel und frisches Obst und Gemüse in großen Mengen zu kaufen, hilft dir zu sparen und verringert den Verpackungsmüll. Überleg einmal, wie viel Plastik du mit deinen Lebensmitteln bekommst, wenn du sie abgepackt im Supermarkt kaufst! Mach einen kleinen Schritt, um den Müllberg zu reduzieren und auch bei deiner Lebensmittelrechnung zu sparen.

MINIMALISTISCHE
CHALLENGE

Entferne alle ungesunden Lebensmittel aus deinen Schränken.

Dies sind gesunde Optionen für deine Speisekammer, aus denen du viele unterschiedliche Mahlzeiten zubereiten kannst (natürlich zusammen mit den Essentials in deinem Kühlschrank).

Mandelmehl

Kokosmehl

Gemahlene Mandeln

Haferflocken

Nüsse

versch. Nussbuttersorten

Samen

Chiasamen

Stevia/Süßungsmittel

Vanilleextrakt

Dunkle Schokolade

Backpulver

Olivenöl

Essig

Apfelessig

Brühe

Schwarze Bohnen

Linsen

Kichererbsen

Quinoa

Brauner Reis

Polenta

Buchweizen

Flohsamenschalen

Himalaya-Salz

Kräuter/Gewürze

Knoblauch

Tee

VEREINFACHE DEIN KOCHEN

Es ist an der Zeit, dein Kochen besser zu organisieren, das heißt, weniger Zeit dafür aufzubringen und Abfall zu vermeiden. Das bedeutet nicht, dass du viel weniger Zutaten benutzen musst. Tatsächlich solltest du nahrhafte Mahlzeiten zubereiten, die deinen Körper gut nähren. (Je mehr Zutaten, desto größer ist die Chance, so viele verschiedene Vitamine wie möglich zu bekommen.)

MEAL PREP

Anstatt Fertiggerichte zu kaufen, wenn du bei der Arbeit bist, probiere den neuesten Trend: Meal Prep. Du bereitest Mahlzeiten für drei bis sieben Tage gleichzeitig vor und bewahrst sie im Kühl- oder Tiefkühlschrank auf. So isst du nicht nur gesünder, du sparst dabei auch Geld. Und du kannst alle Plastik- oder Kartonverpackungen, in die deine Zutaten verpackt sind, in den Recyclingmüll geben (denn bei der Arbeit wirft man Einwegbehälter oft einfach weg).

Je nachdem, wie du deine Gerichte aufbewahren willst – im Kühl- oder Tiefkühlschrank oder in beiden –, kannst du ein- oder zweimal in der Woche vorkochen. Am besten sind dafür Glasbehälter geeignet, weil die meisten Plastikbehälter nicht lange halten. Schau dir auf YouTube Meal-Prep-Videos an. Dort findest du eine Menge Essensvorschläge für eine Woche und entsprechende Einkaufslisten.

24 Stunden lang keine verarbeiteten Lebensmittel und kein Zucker.

*Verwende fürs Meal Prep wiederverwertbare, stapelbare, BPA-freie und mikrowellen-
sowie spülmaschinengeeignete Behälter.*

ZUTATEN-PREP

Wenn du nicht alle deine Mahlzeiten im Voraus
zubereiten willst, kannst du auch nur die Zutaten längerfristig vorbereiten.

Zum Beispiel legst du für eine spätere Mahlzeit
im Kühlschrank Fleisch in einer Marinade ein
und schneidest Karotten klein, die du aufbewahrst. Hast du nun abends wenig Zeit zum
Kochen, brauchst du nur noch die Zutaten zu
garen und deine Mahlzeit ist ohne weitere Vor-
bereitung im Nu fertig.

Wenn du nicht alle deine Hauptgerichte vorkochen möchtest, kannst du auch Snacks für die
nächsten Tage vorbereiten. So verhinderst du,
dass du zwischen den Mahlzeiten etwas Unge-
sundes isst und Snacks in Wegwerfverpackun-
gen kaufst. Du kannst zum Beispiel Gemüse
kleinschneiden und Dips zusammenrühren,
Zutaten für einen Smoothie vorbereiten oder
gesunde Müsliriegel als Vorrat herstellen.

VERWENDE, WAS DU HAST

Du kannst deinen Kochprozess auch vereinfachen, indem du kreativ mit deinen Zutaten
umgehst. Kauf keine neuen Zutaten für deine
Speisekammer! Schau stattdessen, was du
daheim hast, und entrümple deine Küche,
indem du aus diesen Sachen etwas zubereitest.
Nebenbei sparst du Zeit, weil du nicht einkau-
fen gehen musst.

Für Suppen und Currys hat man fast immer
alles da. Dafür sollte dein Vorrat jederzeit
Brühe, Currypulver, Kokosmilch und Gewürze
enthalten. Oder du bereitest aus allem übrig
gebliebenen Gemüse und Knochenbrühe eine
leckere Suppe, die deinem Darm guttut. Und
wenn du Eier und Käse da hast, machst du
daraus mit etwas Gemüse und Gewürzen
eine sättigende Frühstücks-Frittata.

»Habe nichts in deinem Haus, von dem du nicht weißt,
dass es nützlich ist oder dass du es schön findest.«

– William Morris (1834–1896), Textildesigner, Dichter und Sozialaktivist

DAS
SCHLAFZIMMER

Als Minimalist muss man nicht unter einem nüchternen, kalten und wenig einladenden Schlafzimmer leiden. Stattdessen sollte dieser Raum Ruhe ausstrahlen und der perfekte Ort für dich sein, um nach einem langen Tag zu entspannen. Wenn du dein Zuhause gerade möblierst, wähle einfache Deko-Objekte. Wenn dein Schlafzimmer schon möbliert ist, unterzieh es deinem üblichen Entrümpelungsprozess.

KISSEN
Pro Person maximal zwei Kopfkissen und wenige Zierkissen oder Polster – oder ganz minimalistisch gar keine.

ACCESSOIRES UND AKZENTE
Übertreibe es damit nicht, sonst könnte unbeabsichtigt der Eindruck entstehen, der Raum sei unordentlicher und vollgekramter, als er tatsächlich ist.

Anstatt deine komplette Make-up-Ausrüstung ins Schlafzimmer zu stellen, bring sie lieber im Badezimmer unter.

Präsentiere deine minimalistische Garderobe auf Kleiderständern oder lass für ein klareres Erscheinungsbild deine Kleidung in Möbeln verschwinden.

Damit dein Nachttisch nicht überquillt, lagere hier nur deinen momentanen Lieblingslesestoff. Noch besser – lies so oft wie möglich digital.

Brauchst du wirklich einen Fernseher, wenn du nur online streamst, und könntest du dafür nicht deinen Laptop nehmen? Überlege, welche Gegenstände du wirklich brauchst, und trenn dich von den anderen.

GEWOHNHEITEN ETABLIEREN

Am besten etablierst du sogenannte Keystone Habits, das sind Gewohnheiten, die andere erfolgreiche Verhaltensweisen nach sich ziehen. Um sich diese anzutrainieren, ist dein Schlafzimmer am besten geeignet, denn hier kannst du sie schon morgens einüben, um dich für einen erfolgreichen Tag vorzubereiten. Dazu kann zum Beispiel gehören, die Rollos zu öffnen, um einen hellen und luftigen Ort zu schaffen, oder dein Bett zu machen, um auch den Rest des Tages darauf zu achten, deine Umgebung ordentlich zu halten.

Andere Beispiele für Keystone Habits außerhalb des Schlafzimmers sind:

Jeden Morgen Sport zu machen, was zu einem bewussteren Essverhalten führt.

Den Tag und die Woche zu planen, wodurch man mehr schafft.

DAS BADEZIMMER

Das Bad kann schnell zu einem Ort für Gerümpel und unbenutzte Sachen werden, vor allem wenn viele Menschen zusammenleben. Es ist ein Bereich, in dem wir nicht viel Zeit verbringen, deswegen achten wir oft nicht so sehr darauf, was sich hier anhäuft und was wir wegwerfen könnten. Hier ein paar Tipps, um dein Badezimmer minimalistisch zu halten.

RÄUME DIE SCHRÄNKE AUF

Arbeite dich durch Medizinschränke, Schübe und alle Aufbewahrungsorte. Entferne alle abgelaufenen oder nicht benutzten Sachen, von Hautpflegeprodukten über alte Seifen bis zu nicht mehr benötigten Medikamenten und abgelaufenem Make-up.

HALTE OBERFLÄCHEN LEER

Halte alle Oberflächen im Badezimmer so leer wie möglich. Lass dort höchstens Sachen stehen, die du täglich benutzt. Dadurch lässt sich das Badezimmer leichter reinigen, und alles bleibt hygienischer!

HANDTÜCHER

Benutze Handtücher mehrere Male, bevor du sie wäschst, so hast du viel weniger Arbeit mit der Wäsche. (Das gilt natürlich nicht für Gästehandtücher.) Wenn du kleinere Handtücher benutzt, bekommst du mehr in die Waschmaschine.

HALTE DEN SCHMUTZ IN GRENZEN

Mit einfachen Putzgewohnheiten gerät dir das Badezimmer nie ganz außer Kontrolle. Zum Beispiel könntest du Duschtüren aus Glas nach jedem Duschen trocken wischen, nach dem Händewaschen oder Zähneputzen schnell die Armaturen und das Waschbecken reinigen und Handtücher sofort nach der Benutzung aufhängen (dann riechen sie länger frisch und müssen nicht so oft gewaschen werden).

ÜBERDENKE DEINE EINKÄUFE

Überleg dir im Laden, ob du dich wirklich mit sieben Zahnpastatuben bevorraten möchtest, nur weil sie gerade im Angebot sind. Ist es den Platz wert, den du dadurch verlierst?

MINIMALISTISCHE
CHALLENGE   *Räume deine Kramschublade auf.*

HAUTPFLEGE FÜR MINIMALISTEN

Badezimmerschränke können zum Mekka für halb aufgebrauchte Lotionen, abgelaufene Gesichtsreinigungsmittel und fast leere Deodorants werden. Nimm alles aus den Schränkchen und Schüben und sortiere deine Hautpflegeartikel aus. Dadurch bleibst du nur bei den Produkten, von denen du weißt, dass sie wirklich gut für deine Haut sind, bekommst mehr Platz, und alles ist wieder ordentlich. Deine Hautpflegeroutine muss nicht kompliziert sein, nur eben die richtige für dich.

Übrigens ist es eine gute Idee, sich von einer Hautpflegespezialistin beraten zu lassen, um zu erfahren, welche Produkte für dich die richtigen sind. Auch wenn Hautpflege-Experten Verkaufsziele erfüllen sollen und dir zum Kauf von Produkten raten, ist ihr Wissen meist doch umfangreicher als das von Verkäuferinnen in Kaufhäusern, sodass sie dir gute Empfehlungen geben können.

Lege zum Aussortieren alle deine Hautpflegeprodukte auf einen Haufen. Nimm dann eins
nach dem anderen in die Hand und stell dir
folgende Fragen.

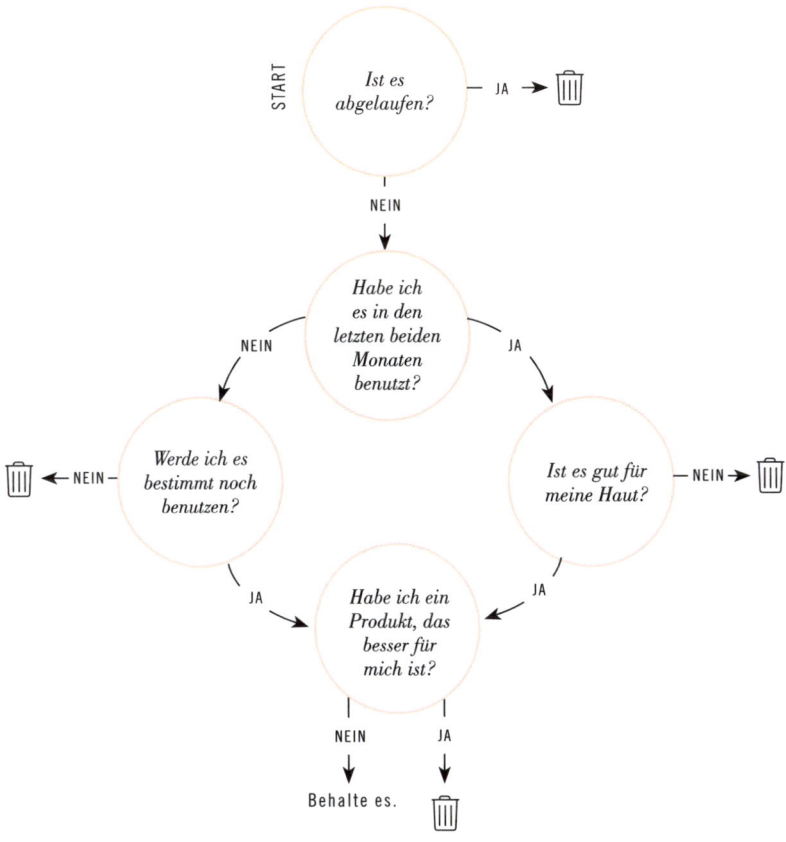

MAKE-UP FÜR MINIMALISTEN

Make-up ist keine Notwendigkeit, wenn du also super-minimalistisch sein willst, trenn dich ganz davon. Aber viele Minimalisten tragen gern Make-up, wenn vielleicht auch nicht jeden Tag.

Wenn du deine Haut gut pflegst und dich gesund ernährst, kannst du mit weniger Make-up auskommen. Eine gute Foundation oder Base wirkt Wunder. Für diejenigen, die sich ab und zu richtig aufhübschen wollen, folgt eine Liste mit Make-up-Basics, mit denen man viele verschiedene Looks kreieren kann – nicht einfach nur Make-up für alle Tage.

MINIMALISTISCHE
CHALLENGE   *Verbringe den Tag ohne jedes Make-up.*

Primer oder **Feuchtigkeitscreme,** abhängig vom Hauttyp: Primer bei fettiger Haut, Feuchtigkeitscreme bei trockener Haut.

Concealer, passend zu deinem Hautton.

Sheer Foundation. Damit siehst du eher natürlich als zugekleistert aus.

Translucent Powder zum Fixieren.

Flüssiger Highlighter. Verleiht einen natürlich leuchtenden Teint.

Mascara. Verwende es anstatt falscher Wimpern oder schwerem Augen-Make-up.

Lippenbalsam, um deinen Lippen Feuchtigkeit zu spenden.

Farbiger Lippenstift, scharlachrot oder jede Nuance, die dir gefällt.

Flüssiger oder Stift-Eyeliner, für Tage, an denen deine Augen ein Statement setzen sollen.

Eine begrenzte Palette **Lidschatten.** Mit Nude-Tönen lässt sich am besten arbeiten.

Lip & Cheek Stain. Als natürliche Lippenfarbe und als Blush zu verwenden.

Bronzer. Verleiht einen natürlichen Schimmer oder kann für eine leichte Konturierung benutzt werden.

Make-up-Pinsel. Mit diesen vier Arten kommst du aus: einen für die Foundation, einen für Puder, einen für das Blending und einen für den Lidschatten.

REGELN FÜR EIN ORDENTLICHES UND SAUBERES ZUHAUSE

Reduziere die Verpackungen, die du mitnimmst. Wähle Produkte ohne viel Verpackung und vermeide Single-Portionen. Kaufe Sachen Second-Hand.

Verzichte auf die angebotenen Einkaufstüten und packe alle deine Einkäufe – Bücher, Kleidung, Bettwäsche, einfach alles – in deine eigene Tasche oder unter den Arm.

Kaufe in Lebensmittelläden, die Lebensmittel lose verkaufen und vermeide, unnötigen Müll mit nach Hause zu nehmen. Vergiss nicht deine eigene Einkaufstasche.

Kauf niemals Wasser in Flaschen.

Mach deine Reinigungsmittel selbst.

Kauf keine in Plastik eingepackten Produkte und lass dir lose Produkte möglichst nicht in Tüten packen.

Nimm die billigen, leicht zerbrechlichen Kleiderbügel nicht mit, die in manchen Läden mit der Kleidung mitgegeben werden. Kauf dir hochwertige Kleiderbügel, die nicht brechen und deine Kleidung nicht verziehen.

Sieh gleich am Briefkasten deine Post durch, wirf Werbung und unwichtige Sachen in den Papiermüll und nimm nur den Rest mit in dein Heim.

Wenn möglich, verzichte auf Papierrechnungen. Lass sie dir stattdessen per E-Mail senden.

Registriere dich für Online-Banking und elektronische Kontoauszüge, Überweisungen und Gehaltsnachweise.

Nimm keine Flyer und Prospekte mit. Fotografiere sie stattdessen.

Lies Zeitungen und Zeitschriften online oder in der Bibliothek.

TÄGLICH	Stell einen Wecker und räume jeden Tag 20 Minuten lang auf.	Mach jeden Morgen gleich nach dem Aufwachen dein Bett.	Heb alles sofort auf und nimm Sachen nicht zweimal in die Hand, bring alles gleich dort unter, wo es hingehört.	Zieh beim Betreten deines Zuhauses deine Schuhe aus, um keinen Schmutz in die Zimmer zu tragen.
WÖCHENTLICH	Räume die Oberflächen in deinem Zuhause regelmäßig und gründlich auf und reinige sie.	Pflege deine Kleidung. Bügle alle sauberen Stücke, häng sie auf oder leg sie ordentlich zusammen. Repariere schadhafte Kleidung.	Überlege bei jedem Einkauf zweimal (auch bei Lebensmitteln). Brauchst du diese Sache wirklich?	Lerne zu recyceln und reduziere alle Verpackungen, die du mit nach Hause nimmst.
MONATLICH	Entrümple einen problematischen Bereich in deinem Zuhause; tu dies regelmäßig.	Sortiere alle Rechnungen/ Quittungen und Papierdokumente; fotografiere sie und gib sie dann in den Recycling-Müll.	Löse dich von Sachen.	Gib überflüssige Sachen weg. (Du brauchst keine sechs einfachen, schwarzen T-Shirts; eins reicht völlig.)
JÄHRLICH	Setz dir Ziele und visualisiere, wie du gerne möchtest, dass dein Zuhause aussieht und sich anfühlt.	Entrümple Lagerbereiche (Schränke, Garage usw.) und strukturiere sie neu.	Überprüfe deine Möbel. Brauchst du jedes Stück, oder nimmt es nur Platz weg?	Installiere eine neue Regel für die Anschaffung von Neuem, zum Beispiel: eine Sache neu = eine weg.

VERMEIDE EIN ZWEIMALIGES WEGLEGEN VON SACHEN

Bring Sachen sofort richtig unter, anstatt sie achtlos fallen zu lassen und sie später aufräumen zu müssen. Wirf zum Beispiel deinen Mantel nicht erst über einen Stuhl – häng ihn gleich auf.

destilliertes Wasser

Essig

Wasserstoffperoxid

Natron

Salz

ätherisches
Zitronenöl

Teebaumöl

SIEBEN REINIGUNGS- MITTEL, DIE DU BRAUCHST

Wenn du deine eigenen Reinigungsmittel herstellst, hilft das der Umwelt, weil du die Chemikalien und Verpackungen reduzierst, mit denen du zum Müll auf der Erde beiträgst. Außerdem sparst du Geld. Deine größte Ausgabe werden die ätherischen Öle sein, die du online oder in Bioläden kaufen kannst.

DESINFEKTIONS- MITTEL =

470 ml warmes, destilliertes Wasser (50 °C) + 120 ml Essig + 30 Tropfen Teebaumöl +
15 Tropfen ätherisches Zitronenöl

GLASREINIGER =

710 ml Essig + 240 ml warmes, destilliertes Wasser (50 °C) + 15 Tropfen ätherisches Zitronenöl

ABFLUSSREINIGER =

15 Tropfen ätherisches Zitronenöl + 75 g Tafelsalz + 75 g Natron +
470 ml kochendes, destilliertes Wasser

RAUMSPRAY =

25 g Natron + 470 ml kaltes Wasser (16 °C) + 15 Tropfen ätherisches Zitronenöl
In eine Sprühflasche füllen und bei Bedarf versprühen.

HERD- UND BACKOFEN- REINIGER =

150 g Tafelsalz + 25 g Natron + 45 ml Essig + 45 ml warmes, destilliertes Wasser (50 °C)

WC-REINIGER =

120 ml Wasserstoffperoxid + 15 Tropfen Teebaumöl + 120 ml Essig +
240 ml warmes, destilliertes Wasser (50 °C) + 35 g Natron

ALLZWECK-OBER- FLÄCHENREINIGER =

15 Tropfen Teebaumöl + 180 ml Essig + 710 ml warmes, destilliertes Wasser (50 °C)

REINIGUNGS-
STRATEGIEN FÜR
DEIN ZUHAUSE

Einen Ort zu reinigen, ist einfach. Die meisten haben aber Probleme, ihn auch sauber zu halten. Gewöhn dir nicht an, große Reinigungsschlachten zu veranstalten, auf die dann Monate folgen, in denen alles wieder völlig verschmutzt. Wenn du diese Checkliste befolgst, sieht dein Zuhause das ganze Jahr über tadellos aus. Du musst nicht ganze Tage mit Putzen verbringen, du brauchst nur regelmäßig ein paar kleine Aufgaben zu erledigen.

TÄGLICH

- Geschirr und Spülbecken gleich nach dem Essen säubern
- Tisch und Oberflächen in der Küche abwischen
- Dusch- und Badezimmeroberflächen abwischen
- Fußböden schnell fegen oder staubsaugen
- Müll wegbringen
- Toilettenbecken reinigen

WÖCHENTLICH

- Alle Oberflächen gründlich reinigen: Nachttische, Kommoden, Schreibtische usw.
- Wäsche waschen, wenn nötig
- Fußböden gründlich wischen und schrubben
- Badezimmeroberflächen und Toilette reinigen
- Fenster und Glastüren putzen
- Mikrowelle und Backofen reinigen
- Kühlschrank sauber machen
- Bettwäsche und Geschirrtücher wechseln
- Fußböden von Terrassen und anderen Außenbereichen reinigen
- Oberflächen in Außenbereichen säubern

MONATLICH

- Speisekammer sauber machen
- Haushaltsgeräte gründlich reinigen: Wasserkocher, Geschirrspüler, Waschmaschine, Trockner
- Matratze säubern
- Ventilatoren und Klimaanlagen säubern
- Unter großen Möbeln und Geräten sauber machen: z. B. Kühlschrank, Sofa
- Vorhänge und nicht zu sehende Bereiche säubern, z. B. Oberflächen auf Schränken
- Lampen und Lichtschalter säubern
- Türen und Türgriffe reinigen
- Außenfenster und Außentüren reinigen

JÄHRLICH

- Wände reinigen
- Tiefkühlschrank abtauen und reinigen
- Regenrinne, Kamin und Schornstein reinigen

WIE MAN SÄUBERT ...

Trockner: Trommel abwischen und Flusensieb reinigen.

Wasserkocher: Kalkablagerungen entfernen.

Waschmaschine: Ohne Beladung mit Essig und Natron waschen.

Geschirrspüler: Sieb herausnehmen und einweichen, Essig und Natron in einer Schale zu etwa gleichen Teilen mischen, dann über Nacht auf den Boden des Geräts geben und danach mit einer alten Zahnbürste gründlich sauber schrubben.

Matratzen: Den Überzug abnehmen, absaugen, dann eine Lage Natron über die Matratze streuen. Einige Stunden stehen lassen, damit das Natron eventuelle Flüssigkeiten oder Öle auf/in der Matratze aufnehmen kann, dann das Natron absaugen.

Deckenventilatoren: Zuerst Oberseite und Seiten der Ventilatorblätter mit einem in warmes Wasser eingeweichtem Tuch abwischen – um allen Staub abzunehmen, ohne dass er auf die Möbel darunter fällt. Dann mit einem trockenen Tuch über die Blätter gehen.

Klimaanlagen: Die Lüftungsöffnungen mit einem feuchten Tuch abwischen. Wenn möglich, Abdeckungen abnehmen und darunter sauber wischen.

Vorhänge: Stoffvorhänge abnehmen und, ggf. mit der Hand, waschen. Rollos und Jalousien mit einem Mikrofasertuch abwischen.

Glühbirnen und Lampenschirme: Mit einem trockenen Tuch abwischen.

Lichtschalter: Mit einem Melaminschwamm oder sogenannten Schmutzradierer und Wasser abreiben, um Flecken zu entfernen.

Türen und Türgriffe: Einen Melaminschwamm befeuchten und Fingerabdrücke und Schmutz einfach abreiben.

KELLER,
DACHBODEN
UND GARAGE
ENTRÜMPELN

Keller, Dachboden und Garage sind die Bereiche in einem Haus, in denen sich am meisten Gerümpel ansammelt. Da man sich dort selten aufhält (und sie deswegen auch nicht im Kopf hat), sind diese Räume Hot Spots für die Lagerung von unbenutzten, defekten oder vergessenen Gegenständen. Daher kann das Entrümpeln hier auch etwas länger dauern als in anderen Räumen.

Der Entscheidungsbaum auf der rechten Seite hilft dir herauszufinden, was du behalten und was du wegwerfen solltest. Keller, Garage und Dachboden werden langfristig auch übersichtlicher bleiben, wenn du dir von jetzt an diese Fragen jedes Mal stellst, bevor du etwas dort einfach lagerst.

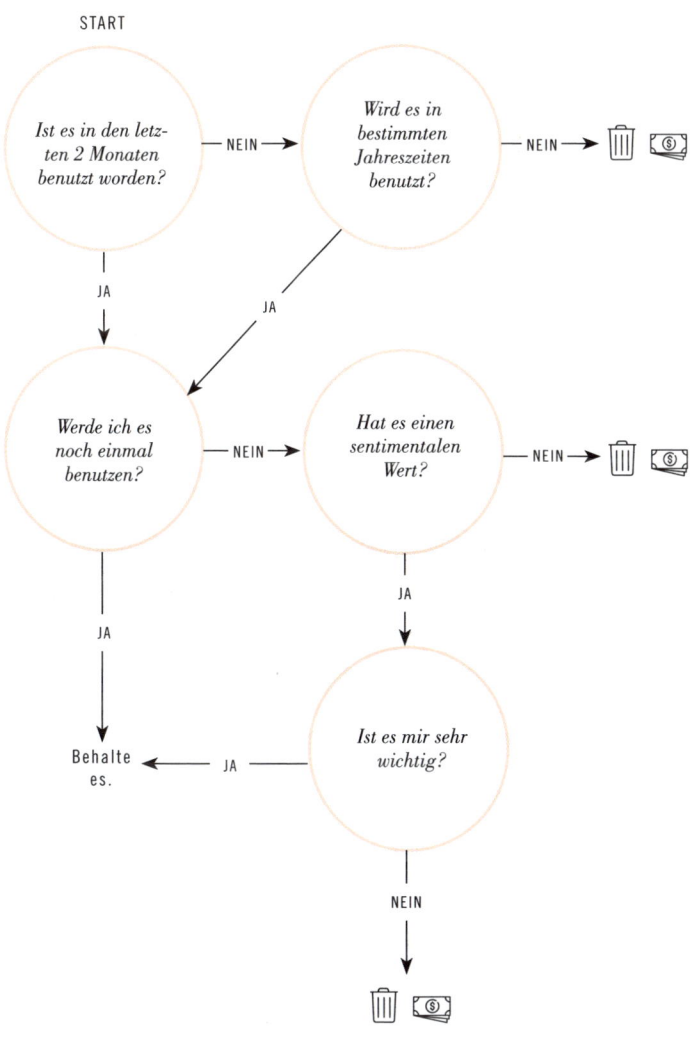

START

Ist es in den letzten 2 Monaten benutzt worden? — NEIN → Wird es in bestimmten Jahreszeiten benutzt? — NEIN →

JA ↓ JA ↓

Werde ich es noch einmal benutzen? — NEIN → Hat es einen sentimentalen Wert? — NEIN →

JA ↓ JA ↓

Behalte es. ← JA — Ist es mir sehr wichtig?

NEIN ↓

MINIMALISTISCHE
CHALLENGE

Enträumple deine Handwerks- und Hobbygegenstände.

KINDER UND HAUSTIERE

Kinder und Haustiere bringen viel Freude in unser Leben, aber um für sie zu sorgen, brauchen wir natürlich extra Gegenstände in der Wohnung oder im Haus – und das ist auch völlig in Ordnung. Hier sind ein paar Tipps, damit dir nicht alles über den Kopf wächst.

Wähle drei Sachen in deinem Zuhause aus, die du spendest.

ORDNE EINEN BEREICH ZU

Bestimme für das Aufbewahren von Kinderspielzeug eine Spielebox, ein Regal oder einen anderen Bereich als einzigen Ort für das Spielzeug. Für Haustiere wähle eine Schublade, in der du Essen, Leinen, Leckerli, Pflegezubehör und Spielzeug unterbringst. Wenn dort nichts mehr hineinpasst, füge nichts mehr hinzu, ehe du nicht etwas anderes entfernt hast.

BLEIB REALISTISCH

Wie viele Spielsachen brauchen deine Kinder wirklich? Vielleicht kaufst du etwas ganz Besonderes und merkst dann, dass sie lieber mit dem Karton spielen, in den es eingepackt war – überlege gut, bevor du etwas kaufst. Wenn die Kinder oder Haustiere von einem Spielzeug gelangweilt sind, lege es einige Monate weg und hol es dann wieder vor. Vielleicht haben sie jetzt erneut Interesse daran.

ÄUSSERE DICH DEUTLICH ZU GESCHENKEN

Auch wenn es für Kinder hart ist, bitte Verwandte, ihnen zu Geburtstagen oder Feiertagen etwas zu schenken, was sie wirklich brauchen, zum Beispiel etwas zum Anziehen oder etwas Pädagogisches.

ÄNDERE TRADITIONEN

Erwachsene Familienmitglieder können ganz aufhören, sich etwas zu schenken. Zum Beispiel kann man zu Weihnachten Geld zusammenlegen, dann schreibt jeder eine Wohltätigkeitsorganisation auf, und es wird ausgelost, welche das Geld bekommt. Oder man organisiert ein Wichteln bzw. Julklapp, sodass jede Person nur ein einziges Geschenk bekommt.

GIB SACHEN WEG

Wenn deinen Kindern Kleidung zu klein wird oder sie etwas nicht mehr benutzen, gib es an andere Eltern weiter, die etwas davon haben. (Das gilt bei Tieren natürlich nicht.)

VERÄNDERE AKTIVITÄTEN

Überlege dir andere Aktivitäten mit deinen Kindern und Haustieren. Es ist schön, etwas Zeit für dich zu haben, wenn sie beschäftigt sind, aber wenn ihr zusammen seid, verbring wirklich Zeit mit ihnen und widme dich ihnen voll und ganz.

EIN GUT AUS-GESTATTETER KLEIDER-SCHRANK

Ist es nicht komisch, dass meist gerade die Leute mit überquellenden Kleiderschränken davorstehen und ausrufen »Ich habe nichts zum Anziehen!«? Bei einer Überfülle nicht perfekter Sachen wissen wir zum Schluss gar nicht mehr, wofür wir uns entscheiden sollen. Es ist an der Zeit, sich einen solchen Schrank vorzunehmen. Ein gut ausgestatteter Kleiderschrank gibt dir die Sicherheit, jeden Tag gut angezogen zu sein. Du stellst ihn so zusammen, dass er deinem Stil und deinem ganz persönlichen Geschmack entspricht, anstatt dich nach kurzfristigen Trends zu richten.

BESTIMME DEINEN STIL

Deine Kleidung spiegelt wider, was dir wichtig ist, und gibt der Welt einen Eindruck von deiner Persönlichkeit und deinem Geschmack. Was magst du, und was möchtest du darstellen? Um deinen Stil zu bestimmen, berücksichtige deine Lieblingsfarben und -materialien und auch, welche Silhouetten deinen Körper am besten kleiden und mit welchen Outfits du Akzente setzen kannst.

Vielleicht spiegeln zu viele deiner Kleidungsstücke nur Trends wider, die dir gefallen haben. Wenn du jetzt aussortierst und wenn du in der Zukunft neue Kleidung kaufst, achte darauf, dass dein Look sich auf einen einheitlichen Stil beschränkt. Das machst du folgendermaßen:

1. Hol dir Inspiration, indem du Modefotos auf Blogs und in Zeitschriften und sozialen Medien suchst, die dir gefallen.

2. Definiere mithilfe dieser Bilder das übergreifende Thema deines Stils. Was siehst du am meisten? Notiere drei beschreibende Wörter, die dir einfallen, wenn du dir deine Wunschgarderobe vorstellst.

STILBEISPIELE

Minimal

Lässig

Stylish

Glamourös/sexy

Sportlich

Bohème-Stil

Klassisch/schick

Künstlerisch

Geschäftsmäßig

Raffiniert/perfekt

Rockig

Gothic

Girly

Feminin

Tomboy

Western/Cowgirl

Vintage

3. Als Nächstes beschreibe deinen Lebensstil. Wie viele Stunden in der Woche verbringst du mit welchen Aktivitäten? So findest du nicht nur heraus, was du tragen möchtest, sondern auch, was du tragen musst, und wie viel passende Kleidung du brauchst.

BEISPIEL FÜR EIN LIFESTYLE-KREISDIAGRAMM

In diesem Kreisdiagramm ist dargestellt, wie viele Stunden pro Woche jemand mit bestimmten Aktivitäten verbringen könnte. Zeichne eins für dich.

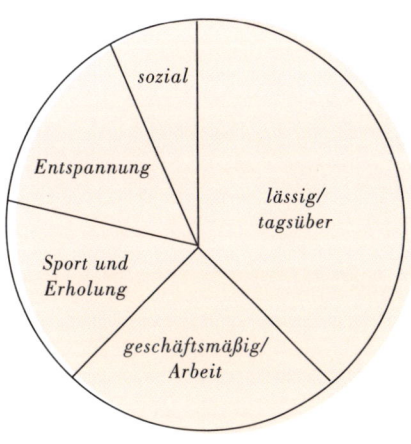

4. Definiere deine Hauptfarbpalette. Nimm Buntstifte, farbige Chips oder sieh dir Farbmuster auf deinem Computer an – dann wähle fünf Farbschattierungen und eine für Metall – Gold, Silber, Messing oder Kupfer.

HAUPTFARBPALETTE

Hauptfarben

Farben für Akzente

Farben für Schmuck/ Accessoires

Wenn du diese Informationen gesammelt hast und weißt, welchen Stil deine Garderobe widerspiegeln soll, kannst du an das Entrümpeln deines Schranks gehen.

AUSMISTEN IM KLEIDERSCHRANK

Wichtig ist, dass du den Inhalt deines Schranks als Ganzes siehst, bei dem viele Stücke zusammenspielen sollen, anstatt deinen Blick auf einzelne Kleidungsstücke zu konzentrieren, die du zwar magst, die aber als Teil einer zusammenhängenden und funktionalen Garderobe nicht hineinpassen.

Zieh nacheinander jedes einzelne Kleidungsstück an. Mach ein Foto, begutachte es, schau dich auch im Spiegel an und beantworte die Fragen in dem Entscheidungsbaum auf der gegenüberliegenden Seite.

Achte zudem darauf, dass du nur die Stücke behältst, die zu dem von dir vorher bestimmten Stil passen. Sei ehrlich mit dir selbst und richte dich nach deiner Entscheidung!

Um deine Garderobe auszumisten, brauchst du ein paar Dinge:

- Vier Müllbeutel oder Kisten, die du mit »Behalten«, »Abändern«, »Verkaufen/Spenden« und »Wegwerfen« beschriftest.

- Einen Ankleidespiegel.

- Eine Kamera oder ein Handy zum Fotografieren deines Outfits, damit du dich aus einer anderen Perspektive sehen kannst.

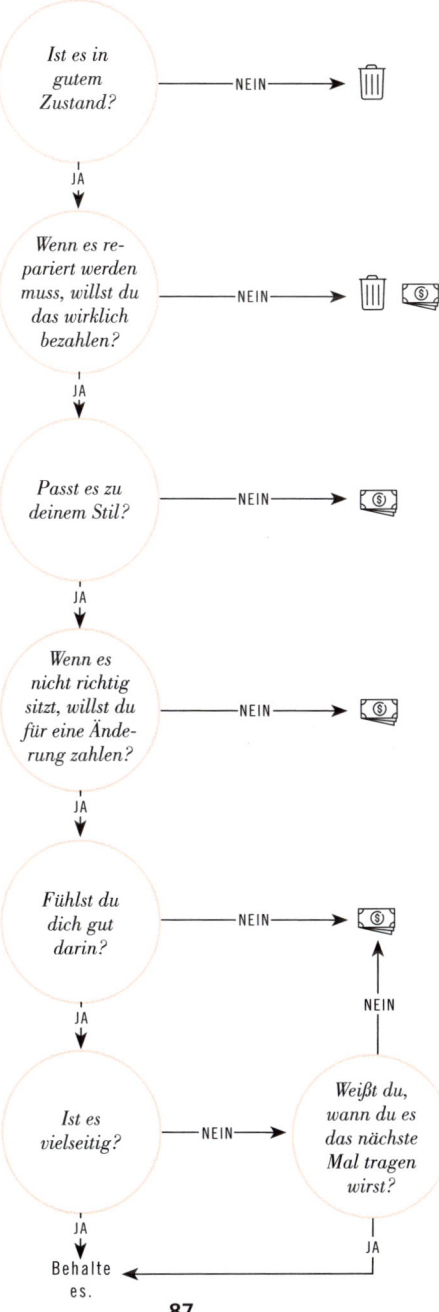

START

Ist es in gutem Zustand?

NEIN → 🗑

JA ↓

Wenn es repariert werden muss, willst du das wirklich bezahlen?

NEIN → 🗑 💵

JA ↓

Passt es zu deinem Stil?

NEIN → 💵

JA ↓

Wenn es nicht richtig sitzt, willst du für eine Änderung zahlen?

NEIN → 💵

JA ↓

Fühlst du dich gut darin?

NEIN → 💵

JA ↓

Ist es vielseitig?

NEIN → Weißt du, wann du es das nächste Mal tragen wirst?

NEIN ↑

JA ↓   JA ↓

Behalte es.

QUALITÄT VOR QUANTITÄT

Ganz wichtig ist es, lieber Qualität als Quantität zu kaufen. Indem du dir ein paar hochwertige Stücke für deine Garderobe anschaffst, sparst du langfristig Geld, wirst deine Kleidung besser pflegen und trägst nicht zu Fast Fashion bei, die jeden Tag den Müllberg auf der Erde wachsen lässt. Du wirst ein Kleidungsstück, das du wirklich liebst und für das du hart gearbeitet hast, länger wertschätzen als ein billiges Wegwerfstück.

TIPPS ZUM EINSCHÄTZEN VON QUALITÄT

Schau dir das Kleidungsstück, das du kaufen willst, ganz genau an. Bedenke, dass ein hoher Preis nicht immer auch hohe Qualität bedeutet.

Lege Wert auf gute Stoffe

- Hochwertige Stoffe sind leichter zu säubern und halten länger.

- Lerne, einen guten Stoff zu fühlen. Baumwolle sollte sich dicht, aber trotzdem weich auf der Haut anfühlen. Denim sollte sich nie dünn oder fadenscheinig anfühlen. Und Kaschmir sollte sich neu fest anfühlen und im Laufe der Zeit weicher werden.

- Synthetikfasern wie Acryl, Spandex und Rayon können schnell verschleißen.

Beweg es hin und her Halte das Stück dabei oben fest. Hängt es komisch, irgendwie schief? Das weist darauf hin, dass es nicht gut geschnitten ist.

Untersuch die Säume Sind sie gut zusammengenäht? Treffen sie richtig aufeinander?

Schließzeit Halten alle Reißverschlüsse, Knöpfe, Knopflöcher, Haken, Schnappverschlüsse usw. gut, und lassen sie sich leicht schließen?

Überprüf das Futter Jacken und Mäntel sollten ein hochwertiges Futter haben. Ein schlechtes oder gar kein Futter zeigt, dass daran gespart wurde.

TIPPS, UM WENIGER ZU KAUFEN

Folgende Tipps können dir helfen, nur das zu kaufen, was du wirklich brauchst.

Mach dir vor dem Einkauf genau klar, was du suchst

- Fehlt in deiner Garderobe ein bestimmtes Element?
- Was wäre das vielseitigste Stück, um diese Lücke zu füllen?

Sei eisern

- »Beinahe« und »nicht so ganz« ist nicht gut genug. Kauf es nicht!
- Fühlst du dich darin wunderbar oder einfach nur okay? Kaufe nur Sachen, in denen du dich wirklich toll fühlst.
- Liebst du wirklich alles daran? Wenn nicht, lass es hängen.

Vereinfache

- Wähle Kleidungsstücke mit nicht so vielen Verzierungen.
- Vielseitige Stücke passen zu mehr Outfits.

Setze auf Slow Fashion

- Wenn möglich, wähle lokal produzierte Kleidungsstücke und lokale Designer.
- Slow-Fashion-Designer bringen weniger Kollektionen im Jahr heraus, anders als bei Fast-Fashion-Designern, die in einer Woche zehn neue Stile vermarkten.

CAPSULE WARDROBE

Eine Capsule Wardrobe ist ein Grundstock an Kleidungsstücken und enthält nur Teile, die lange halten und die nicht mit jedem neuen Trend aus der Mode kommen. Diese Basics passen alle gut zusammen. Sie werden je nach Jahreszeit mit anderen Stücken gepaart und können je nach Gelegenheit mehr oder weniger aufgehübscht werden. Eine Capsule Wardrobe wird dein Leben ungeheuer vereinfachen.

CAPSULE WARDROBE

Die Capsule Wardrobe enthält eine begrenzte Anzahl von kombinierbaren Kleidungsstücken, mit denen du zahlreiche Outfits für viele Gelegenheiten zusammenstellen kannst. Wenn man die Farben auf zwei neutrale Farben – Schwarz, Weiß oder Grau – beschränkt und eine weitere hinzunimmt, hat man selbst mit wenigen Kleidungsstücken viele Kombinationsmöglichkeiten.

- Du wählst die Anzahl der Kleidungsstücke, aber weniger ist mehr.
- Neun Stücke können neun Outfits ergeben.
- Man braucht meist mehr Tops als Hosen und Röcke.
- Gut ausgesucht, sollten zwei Paar Schuhe reichen.
- Mit dem Lagenlook kann man Outfits anders aussehen lassen.
- Nutze Accessoires, um den Look aufzupeppen.
- Du kannst deine Capsule Wardrobe jede Saison updaten, aber beschränke sie auf dieselbe begrenzte Anzahl von Kleidungsstücken.

FÜR FRAUEN

90

FÜR MÄNNER

»Kaufe weniger. Wähle sorgfältig aus. Trage es lange.«

— Vivienne Westwood (geb. 1941), Fashion Designerin

20 KLEIDUNGS-STÜCKE FÜR FRÜHLING/ SOMMER

Vielleicht magst du es kaum glauben, aber du brauchst wirklich nicht mehr als jeweils ein Stück von den Sachen auf dieser Liste. Nicht enthalten sind Unterwäsche, Socken, Krawatten, Schmuck, Accessoires und Sportkleidung. Jedes Stück sollte in dem Stil und den Farben sein, die du bereits für dich bestimmt hast, damit alle Sachen zueinanderpassen.

FRAUEN	MÄNNER
Einfaches, kurzärmliges weißes T-Shirt	Einfaches weißes T-Shirt
Tank Top	Einfaches schwarzes T-Shirt
Kurzärmliges Top (anderer Schnitt als T-Form)	Henley Shirt
Button-up-Bluse	Kurzärmliges Button-up-Hemd
Strickpulli	Button-up-Oberhemd
Tageskleid	Pullover mit Rundhalsausschnitt
Abendkleid	Chinos
Freizeit-Shorts	Knielange Hose (lässig)
Bermuda-Shorts	Lange Hose
Rock	Jeans
Leichte Hose	Anzug
Jeans	Leichte Jacke
Leichte Jacke	Windbreaker
Leichter Übergangsmantel	Freizeitschuhe
Flache Schuhe	Sneakers
High Heels	Elegante Schuhe
Sandalen (oder Pantoletten)	Pantoletten
Sonnenbrille	Sonnenbrille
Hut	Hut
Badeanzug/Bikini	Badehose

20 KLEIDUNGS-STÜCKE FÜR HERBST/WINTER

Abgesehen von ein paar Accessoires und Unterwäsche, Socken und Sportkleidung brauchst du wirklich nicht mehr als eins von jedem Stück in dieser Liste. Und natürlich sollte wieder jedes Stück in dem Stil und der Farbpalette sein, die du bereits für dich bestimmt hast, damit alle Sachen zueinanderpassen.

FRAUEN	MÄNNER
Einfaches, langärmliges weißes T-Shirt	Einfaches Shirt
Neutrales, langärmliges Top	Lässiges, langärmliges Top
Farbiges oder dunkles langärmliges Top	Farbiges oder gemustertes Oberhemd
Button-up-Bluse	Neutrales Button-up-Oberhemd
Klassischer Pulli	Hoodie
Lässiger Pulli	Pullover
Hoodie	Blazer
Einfaches Kleid	Anzug
Abendkleid	Lange Hose
Lange Hose	Chinos
Sweatpants	Sweatpants
Lederjacke	Lederjacke
Wintermantel	Mantel
Ankle Boots	Sneakers
Hohe Stiefel	Elegante Schuhe
Sneakers	Halbschuhe
Slipper	Stiefel
Hut/Mütze	Hut/Mütze
Handschuhe	Handschuhe
Schal	Schal

ACCESSOIRES

Vielleicht fragst du dich jetzt, ob du mit diesen wenigen Stücken deiner Capsule Wardrobe nicht aussehen wirst, als trügest du immer dieselben Sachen. Nein, nicht wenn du dein Outfit mit Accessoires aufpeppst. Dazu brauchst du keine 50 Sonnenbrillen, ein paar hochwertige Sachen reichen aus. Outfits mit Accessoires aufzuwerten, gibt ihnen ein ganz persönliches Flair und erweckt den Anschein, als hättest du viel mehr Kleidungsstücke, als du tatsächlich hast. Auch wird dir dadurch deine Garderobe nie langweilig.

Hier kommt eine Liste von Accessoires – die meisten für Frauen und Männer –, die du deinen Outfits für verschiedene Looks hinzufügen kannst. Wenn du Farbe integrieren möchtest und nicht sehr viele Kleidungsstücke hast, sind Accessoires eine tolle Möglichkeit, einen Farbklecks zu einer vielseitig einsetzbaren, monochromen Garderobe hinzuzufügen und so deinen Look aufzufrischen. Weich also ruhig von deiner Farbpalette ab – außer bei Schmuck. In dem Fall solltest du bei der gewählten Metallfarbe bleiben.

MINIMALISTISCHE **CHALLENGE** *Stelle aus deinem Kleiderschrank eine Tüte mit Sachen zusammen, die du spendest.*

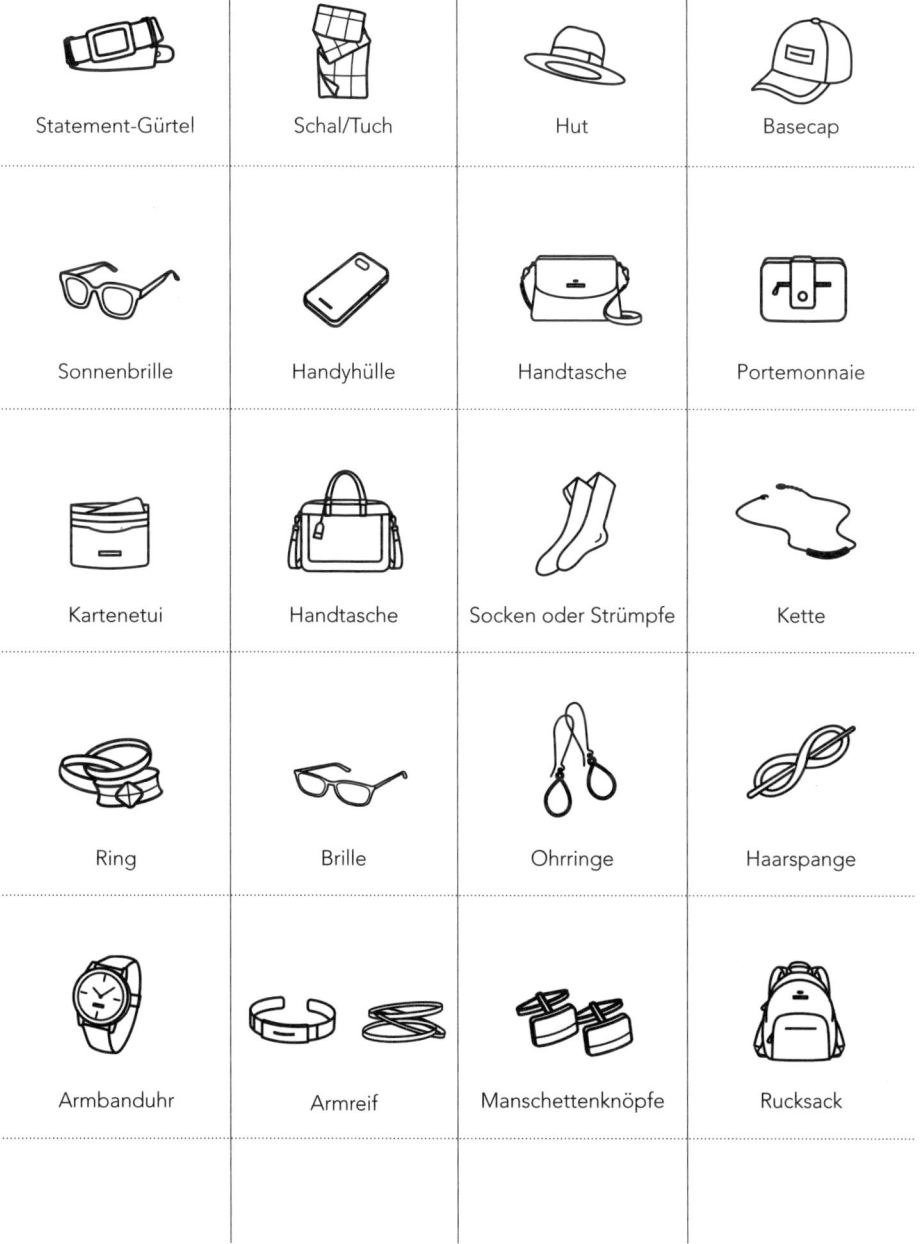

Statement-Gürtel	Schal/Tuch	Hut	Basecap
Sonnenbrille	Handyhülle	Handtasche	Portemonnaie
Kartenetui	Handtasche	Socken oder Strümpfe	Kette
Ring	Brille	Ohrringe	Haarspange
Armbanduhr	Armreif	Manschettenknöpfe	Rucksack

UNTERBRINGEN DEINER KLEIDUNG

TIPPS, UM WENIGER WASCHEN ZU MÜSSEN

Wenn deine Kleidungsstücke alle ähnliche Farben haben, brauchst du sie nicht dauernd getrennt zu waschen.

Wenn du etwas nur ein paar Stunden getragen hast, muss es wahrscheinlich nicht gleich gewaschen werden. Zu häufiges Waschen schadet dem Stoff.

Verwende Handtücher eine Woche lang, anstatt sie nach jedem Benutzen zu waschen.

1

Häng deine am meisten getragenen Kleidungsstücke an einer Kleiderstange auf, damit sie leicht zugänglich sind.

2

Freizeit- und Sportsachen kannst du zusammenlegen und in Schüben unterbringen.

3

Bewahre Schuhe in einem trockenen Bereich auf. Wenn sie in einem geschlossenen Ort stehen, füge einen Luftentfeuchter hinzu.

4

Lagere alle Taschen an einem Ort, an dem sie nicht durch Anstoßen beschädigt werden können.

5

Ein Teil deiner Garderobe kann durchaus sichtbar untergebracht werden. So nimmt sie auch keinen Schaden durch zu enge Lagerung.

6

Der Wäschekorb braucht Luft, damit keine schlechten Gerüche entstehen.

7

Kleidung, die aus saisonalen Gründen gerade nicht gebraucht wird, kann in Vakuumbeuteln gelagert werden.

VEREINFACHE DEIN LEBEN

Beim Konzept des Minimalismus geht es um mehr, als nur um die Menge des Besitzes oder wie viel davon man weggibt. Von echtem Minimalismus profitiert man auch durch einen klareren Geist, durch sparsamere Haushaltsführung und sogar im Flow des täglichen Lebens. Wenn du dein Leben vereinfachst, wirst du merken, was für dich wirklich wichtig ist, und du wirst dafür mehr Zeit haben.

DEINE ZIELE NOTIEREN

Trage deine Ziele möglichst konkret und
messbar in diese Tabelle ein. Mit einem
Datum zur Erreichung deines Ziels kannst
du deine Zeit entsprechend planen, und
eine regelmäßige Überprüfung macht deut-
lich, wo du auf deinem Weg zum Ziel stehst.

KLARE ZIELE SETZEN

Minimalismus reduziert Unwesentliches, und
dazu gehört auch unwichtiger Kram in deiner
Zeitplanung. Wenn du deinen Kalender erst
einmal entmüllt hast, wirst du mehr Zeit für die
Erreichung deiner Ziele haben, und kannst dich
auf das konzentrieren, wofür du deine Energie
wirklich einsetzen willst. Eliminiere unwichtige
Aufgaben, damit du deine Karriere vorantrei-
ben, mehr Zeit mit deiner Familie verbringen
oder deine Hobbys genießen kannst.

Entscheide zuerst, was für dich wichtig ist. Wir
brauchen Schlaf und Freizeit und müssen uns
ab und zu Pausen nehmen. Wir haben nur eine
begrenzte Anzahl Stunden am Tag, und da können wir nicht *alles* hineinstopfen. Akzeptiere,
dass du nicht alles allein machen kannst.

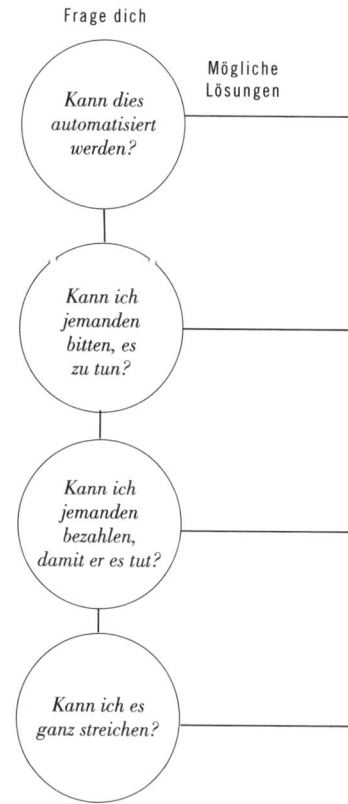

Frage dich

Mögliche Lösungen

Kann dies automatisiert werden?

Kann ich jemanden bitten, es zu tun?

Kann ich jemanden bezahlen, damit er es tut?

Kann ich es ganz streichen?

	ZIEL	BIS ZUM	ÜBERPRÜFUNG
KURZFRISTIGES ZIEL #1 (1 Monat)			
KURZFRISTIGES ZIEL #2 (4 Monate)			
MITTELFRISTIGES ZIEL #3 (7 Monate)			
LANGFRISTIGES ZIEL (12 Monate)			

VEREINFACHE DEINE VERPFLICHTUNGEN

Nach dem Notieren deiner Ziele nimm dir deinen Kalender vor, um unnötige Aufgaben zu streichen. Frage dich bei jeder Aufgabe, ob sie dich deinen Zielen näherbringt, und entscheide mithilfe dieses Diagramms.

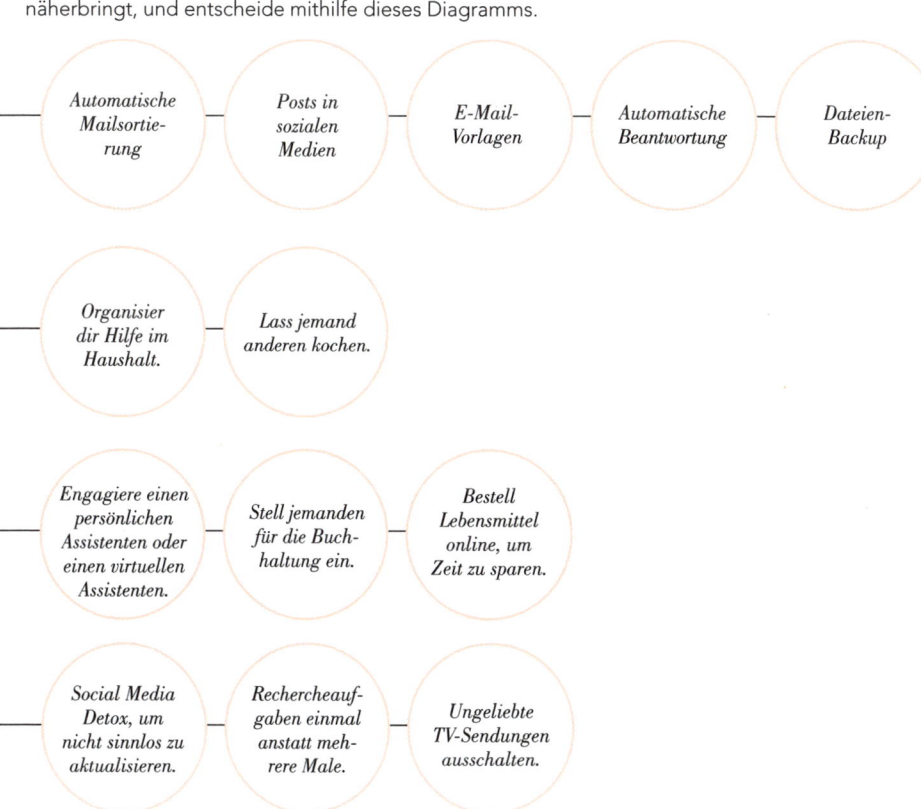

Automatische Mailsortierung

Posts in sozialen Medien

E-Mail-Vorlagen

Automatische Beantwortung

Dateien-Backup

Organisier dir Hilfe im Haushalt.

Lass jemand anderen kochen.

Engagiere einen persönlichen Assistenten oder einen virtuellen Assistenten.

Stell jemanden für die Buchhaltung ein.

Bestell Lebensmittel online, um Zeit zu sparen.

Social Media Detox, um nicht sinnlos zu aktualisieren.

Rechercheaufgaben einmal anstatt mehrere Male.

Ungeliebte TV-Sendungen ausschalten.

ZEHN TIPPS, UM EFFEKTIVER ZU SEIN

Es ist erwiesen, dass es kontraproduktiv ist, zwischen mehreren Aufgaben zu jonglieren und dabei seine Aufmerksamkeit zu teilen, um viele Dinge auf einmal zu erledigen. Wenn du deine To-do-Liste nach deinen besten Möglichkeiten und in einem möglichst geringen Zeitrahmen erledigen möchtest, arbeite am besten einen Punkt nach dem anderen ab. Hier sind zehn Tipps, um produktiver zu werden und die Kunst des sogenannten Single-Taskings zu lernen.

1 ISS OHNE DEIN HANDY
Das mag wie eine einfache Regel erscheinen, aber du wirst erstaunt sein, wie oft du dein Handy checken möchtest, wenn es nicht neben dir liegt. Konzentrier dich auf dein Essen und sei dankbar dafür.

2 STELL EINEN WECKER
Wenn du zum Lernen oder Arbeiten einen Wecker stellst, kannst du dich effektiver auf eine Aufgabe konzentrieren. Setz dir zum Beispiel einen Zeitrahmen von 25 Minuten, um zu lernen, und mach dann fünf Minuten Pause; wiederhole das Ganze.

3 SCHREIB ES AUF
Anstatt dauernd von der mentalen Checkliste in deinem Kopf abgelenkt zu werden, schreib am Beginn des Tages eine vollständige To-do-Liste.

4 ARBEITE NUR MIT EINEM BROWSER-TAB
Anstatt zwischen allen den geöffneten Browser-Tabs hin und her zu wechseln, versuche deine Arbeit mit nur einem Tab zu erledigen. So kannst du dich wirklich auf das konzentrieren, was du tust.

5 REDUZIERE ABLENKUNGEN

Schließ Ablenkungen aus, soweit es dir möglich ist. Zum Beispiel könntest du dich in ein Zimmer ohne den Hund und die lärmenden Wohnungsgenossen zurückziehen, ein »Bitte-nicht-stören«-Schild an die Tür hängen oder dich von sozialen Medien ausloggen.

6 STELL DEN FLUGMODUS EIN

Wenn du eine Arbeit zu Ende bringen musst, schalte auf dem Handy den Flugmodus ein, damit du keinen Internetzugang hast.

7 ORDNE AUFGABEN ZEITEN ZU

Wann immer möglich, nimm dir bestimmte Zeiten, um dich nur einer Aufgabe zu widmen. Zum Beispiel könntest du den Tag beginnen, indem du 20 Minuten deine Mails durchgehst und deinen Mail-Eingang organisierst und währenddessen nichts anderes machst.

8 VERMEIDE GERÄUSCHE VON AUSSERHALB

Wenn du Probleme hast, dich zu konzentrieren, sorge dafür, dass im Hintergrund keine Musik spielt und kein Fernseher läuft.

9 LIES ODER SCHAU ETWAS BIS ZUM ENDE

Wenn du einen Film oder eine Show siehst oder einen Artikel liest, beende diese Tätigkeit in einem Stück. Übe, den ganzen Artikel zu lesen oder den ganzen Film anzusehen, ohne dass du deine Konzentration unterbrichst.

10 KONZENTRIER DICH ERNEUT

Wenn deine Konzentration während des Single-Taskings nachlässt, gib nicht auf. Konzentrier dich erneut, bekomm heraus, was schieflief, und versuche, die Ablenkung beim nächsten Mal zu vermeiden.

»*Zwei Dinge auf einmal zu tun, heißt,
nichts davon richtig zu tun.*«

– Publilius Syrus (aktiv zwischen 85–43 v.Chr.), römischer Autor

GELD BEWUSST AUSGEBEN

Bewusst sein Geld auszugeben, heißt nicht, dass man mit einem so kleinen Budget auskommen muss, dass es nicht mehr für Genuss und Freude reicht. Es geht darum, die Sachen, die man braucht, zu kaufen, etwas zurückzulegen und erst dann Geld für Vergnügungen auszugeben. Tägliche kleine Ausgaben für Sachen, von denen man langfristig nichts hat, summieren sich und schmälern dein Budget.

Überlege, ob du deine letzten zehn Käufe bewusst getätigt hast.

ES GIBT NICHT DEN EINEN PLAN FÜR ALLE

Auch wenn man sein Geld bewusst ausgibt, hat jeder unterschiedliche Ausgaben und verschiedene Freizeitvorlieben. Manche geben gern einen Teil für Bücher aus, andere für Erlebnisse, an die sie sich später erinnern können. Zuerst müssen alle deine Rechnungen bezahlt und ein kleiner Sparbetrag (oder ein großer, wenn deine Mittel es erlauben) zurückgelegt sein, dann verwende einen Teil, um dein Leben zu genießen – und sei dankbar für das, was du dir leisten kannst. Das, wofür du dich entscheidest, sollte Freude in dein Leben und in das der Menschen um dich herum bringen. Das kann heißen, dass du dir edle Pralinen kaufst, ins Kino gehst oder einen Fallschirmsprungkurs buchst.

WARTE MIT DEINER AUSGABE

Wenn du unnötige Ausgaben vermeidest, kannst du später dein Geld für wichtigere Dinge ausgeben. Denk an alle die Sachen, die du schon gekauft, aber nie benutzt hast, oder das teure Kaffeegetränk, obwohl du dir auch zu Hause einen Kaffee hättest machen können. Bevor du also Geld für etwas ausgibst, von dem du nicht sicher bist, dass du es wirklich brauchst, halt inne, atme tief ein und unternimm etwas, damit du später daran erinnert wirst – ein Lesezeichen auf dem Computer, ein Foto mit dem Handy oder eine schriftliche Notiz. Aber kauf es nicht gleich! Warte mindestens eine Woche, dann überprüfe, ob du es noch immer haben willst.

EIN BUDGET PLANEN UND SICH DARAN HALTEN

Ein Budget ist der Weg zu finanziellem Erfolg. Viele kommen auch ohne einen Ausgabenplan aus, aber ohne Budget kann man schlecht für die Zukunft planen oder für Notfälle gewappnet sein. Vielleicht erscheint ein Budget manchen nervig oder stressig, aber wüsstest du nicht lieber, wo dein hart erarbeitetes Geld eigentlich bleibt?

Erstelle kein Budget, um dich einzuschränken und dich ganz davon abzuhalten, dir etwas zu kaufen. Es soll eher eine Methode sein, deinen zukünftigen finanziellen Erfolg zu planen und dafür zu sorgen, dass du dein Geld nicht für Sachen ausgibst, die du dann nicht benutzt oder die du unüberlegt kaufst. Diese Schritte helfen dir beim Erstellen deines Budgets.

VORGEHEN

1 Bestimme deine Einnahmen

Schreib genau auf, was du nach Abzug von Steuern und Abgaben monatlich an Geld zur Verfügung hast.

2 Spare und zahle zurück

Setz dir ein monatliches Sparziel oder ein Ziel, um Kredite zurückzuzahlen, und lass zum Erreichen dieses Ziels einen Betrag monatlich oder wöchentlich von deinem Bankkonto abbuchen.

3 Überprüfe deine Ausgaben einen oder zwei Monate lang

Das kannst du mit deinen Bankabbuchungen tun oder für Barzahlungen mit einem Heft oder einem Ordnungssystem für deine Bons und Quittungen. Es gibt auch viele Apps, die dir dabei helfen können.

4 Ordne deine Ausgaben

Als Nächstes ordne deine Ausgaben Gruppen zu: Essen, Versicherungen, Reisen, Kleidung, Kredite usw.

5 Was könntest du ändern?

Fallen dir unnötige Ausgaben auf? Könntest du vielleicht teure, extravagante Lebensmittel einschränken oder die Telefonrechnung, die jeden Monat viel zu hoch ist? Und wie verhalten sich deine Ausgaben zu deinen Einnahmen? Vielleicht ist es an der Zeit, ein paar Grenzen zu setzen, zum Beispiel einen bestimmten Betrag für monatliche Aktivitäten oder Restaurantbesuche.

6 Ändere etwas

Fang auf der Grundlage deiner Beobachtungen an, deine zu hohen Ausgaben einzuschränken.

TRIAL AND ERROR

Teste einen oder zwei Monate, wie du mit deinem neuen Budget hinkommst, dann wiederhole den ganzen Prozess, um zu sehen, ob du dich an alles gehalten hast oder ob du vielleicht noch mehr Ausgaben herunterschrauben musst.

KLUGE SHOPPING-STRATEGIEN

Wenn du ein minimalistisches Leben führen möchtest, solltest du das Shoppen nicht als Hobby oder Unterhaltung ansehen. Stattdessen kaufst du nur noch, wenn du etwas brauchst, und nicht, um die Zeit totzuschlagen. Hier sind Tipps, um weniger zu kaufen.

SETZ DIR VOR DEM EINKAUFEN EINE ZEITGRENZE

Viele Sachen, die wir kaufen, sind Impulskäufe. Wenn du etwas siehst, was dir gefällt, kauf es nicht gleich, sondern mach dir für zehn Tage später eine Notiz im Kalender. Entscheide dann, ob du es immer noch haben willst.

SETZ DIR EINE MONATLICHE EINKAUFSGRENZE

Kontrolliere den Betrag, den du täglich ausgibst, und bleib bei der von dir gesetzten Grenze. Betrachte es als ein Spiel. Und wenn möglich, zahle bar und nicht mit Karte.

BEFREI DICH VON VERSUCHUNGEN

Trag dich von Mailinglisten von Läden und Internetshops aus und unterrichte Katalogfirmen, dass du keine Kataloge mehr willst. Vermeide Einkaufscenter und Kaufhäuser.

BLEIB HART

Mach Listen von Dingen, die du brauchst – brauchst, nicht haben möchtest – und kauf nichts anderes.

Kauf es nicht, wenn ...

- du nicht zehn Tage gewartet hast.
- du schon etwas Ähnliches besitzt.
- du es nur kaufen möchtest, um jemandem zu imponieren.
- du es dir nicht leisten kannst.
- du es nur kaufst, weil es im Preis herabgesetzt ist.
- du gelangweilt bist und etwas Neues möchtest.
- du es nur wegen des Markennamens magst.
- der Zweck nur ist, dich besser zu fühlen.
- du hoffst, dass das Stück dich motivieren wird, Sport zu treiben oder abzunehmen.
- das Stück pflegeintensiv ist, du aber eigentlich nicht bügeln oder Geld für die Reinigung ausgeben willst.

Nach der Wartezeit von zehn Tagen kauf es nur, wenn ...

- du es wirklich brauchst.
- du es noch immer rundum liebst.
- du nicht schon etwas Ähnliches hast.
- es hochwertig ist und lange halten wird.
- es zum Rest deiner Garderobe passt.
- du weißt, welches andere Stück du weggeben wirst, um dieses hinzuzufügen.
- du es oft tragen wirst.
- du nichts brauchst, womit du es tragen kannst (zum Beispiel die richtige Hose).

ANSTATT ZU KAUFEN ...

... überlege, ob du dir für besondere einmalige Gelegenheiten wie Hochzeiten nicht etwas ausleihen oder borgen kannst.

DEINE ZEIT ORGANISIEREN

Organisiere deine Zeit, und du wirst nicht nur in der Lage sein, eine bessere Work-Life-Balance aufrechtzuerhalten, sondern du wirst auch lernen, in deiner Woche mehr Zeit für Hobbys und Entspannung unterzubringen. Strebe auch hier Minimalismus an und versuche, alle unnötigen Aufgaben oder Termine, die dir keine Freude bereiten, zu streichen. So kannst du dich auf das konzentrieren, was für dich im Leben wichtig ist. Dazu könnte gehören, mehr Zeit für Sport zu haben, mehr Zeit mit der Familie zu verbringen oder dir selbst mehr Auszeiten zu nehmen. Diese vier Methoden werden dir helfen.

Überprüfe deine regelmäßigen Pflichten.

BENUTZE EINEN KALENDER

Trage alle kommenden Ereignisse ein: von Meetings über Essen mit Freunden, Kino, Kurztrips und sonstige Dates – schreib so viel wie möglich auf. Wenn du nun deinen Tagesablauf checkst, hast du alle Termine an einem Ort.

TEILE DEINEN TAG IN BLÖCKE EIN

Um möglichst viel vom Tag zu haben, unterteile ihn in Segmente, zum Beispiel in »Arbeit«, »Sport« oder »Familienzeit«. Auf diese Art bekommt jede deiner Prioritäten ihre Zeit zugewiesen: Aufgaben, die du tun musst – zum Beispiel Arbeit –, und solche, die du zu deinem Vergnügen machst – zum Beispiel abendliche Verabredungen oder Freizeitsport.

VERWENDE EINE TO-DO-LISTE

Um den Tag noch besser zu organisieren und dafür zu sorgen, dass du innerhalb der zugeteilten Blöcke auch alle Aufgaben erledigst, schreib eine To-do-Liste. Das kann eine App auf deinem Handy sein, eine mit einem Partner geteilte Liste oder eine Liste in deinem Notizbuch. Notiere deine täglichen Aufgaben in deinem Notizbuch oder Handy, um dann zu überprüfen, ob sie erledigt sind. Wenn nicht, übertrage sie auf den nächsten Tag.

PLANE FREIZEIT EIN

Für jeden Workaholic ist das Einplanen von Freizeit ein absolutes Muss! Du musst für die Ruhe und Erholung sorgen, die dein Körper und Geist brauchen, um während der Arbeitsstunden bestmöglich zu funktionieren.

DEINEN TAGES-ABLAUF PLANEN

Mit einer konkreten Zeitplanung kann man am besten erreichen, dass man seine Vorhaben auch umsetzt. Du kannst eine Kalender-App benutzen, eine Termin-App, ein Notizbuch oder einen Planer. Mit täglicher Planung maximierst du das, was du schaffen kannst, und sorgst dafür, dass du deine Zeit nicht mit Unwichtigem vergeudest.

Hier ist ein Beispiel, wie du deinen Tag strukturieren und einteilen kannst, um so viel wie möglich zu erledigen.

5:00	Aufwachen
5:00–6:00	Sich fertig machen/Frühstück/Aufräumen
6:00–7:30	Gymnastik/Sport
7:30–8:00	Freizeit/zur Arbeit fahren
8:00–11:00	Arbeit
11:00–12:00	Soziale Medien updaten/Mittagessen
12:00–16:00	Arbeit
16:00–17:30	Freizeit/nach Hause fahren/Spaziergang/Abendessen
17:30–19:30	Arbeit
19:30–22:30	Entspannen

MINIMALISTISCHE
CHALLENGE   *Steh 30 Minuten früher auf.*

DEINE DIGI-TALEN RÄUME ENTRÜMPELN

Häufig wird beim Entrümpeln das digitale Reich übersehen. Dabei kann das einen großen Unterschied bei der effizienten Benutzung deiner Geräte bedeuten! Denk daran, wie oft du am Computer oder am Handy 1000 Urlaubsfotos (oder Fotos von den geliebten Haustieren) durchwühlt hast, um das eine zu finden, dass du irgendwie unpassend benannt hast, weil du in Eile warst. Mit einem aussagekräftigen Namen hättest du es leicht finden können. Jetzt ist es an der Zeit, das Virtuelle zu entrümpeln! Nur weil du deine digitalen Daten nicht als Gerümpel in deinem Zimmer siehst, heißt das nicht, dass sie nicht mit der Zeit zumüllen.

RÄUME DEINEN COMPUTER AUF

Befolge diese Schritte nacheinander einmal alle zwei Wochen, damit deine Daten nicht außer Kontrolle geraten.

1. Räume den Schreibtisch leer.

2. Organisiere das Ablagesystem.
   - Benenne die Daten korrekt.
   - Lege die Daten in entsprechenden Ordnern und Unterordnern ab.
   - Mach ein Backup deiner Daten.
   - Leere den Downloads-Ordner.
   - Leere den Papierkorb.
   - Räume die Festplatte auf.

3. Sieh deine Apps durch.
   - Entferne alle, die du nicht brauchst.
   - Lösche alle Duplikate.

4. Organisiere deine Lesezeichen.
   - Fasse sie in Ordnern zusammen.
   - Entferne alle, die du nicht mehr brauchst.

5. Räume deinen Posteingang auf.
   - Benutze nur eine E-Mail-Adresse.
   - Trag dich von Werbeverteilern aus.
   - Richte automatisierte Posteingangssortierung ein – Tags, Unterordner und Sortierfunktion für den Posteingang. (Diese teilt E-Mails Kategorien und Ordnern zu, zum Beispiel Arbeit, Persönliches oder deinen eigenen Definitionen, basierend auf von dir eingerichteten Kriterien, zum Beispiel dem Absender oder Stichwörtern in der Mail.)

6. Soziale Medien
   - Trag dich als Follower von unwichtigen Organisationen oder Personen aus.
   - Beende deine Freundschaft mit Personen oder Organisationen, die dich nicht weiterbringen.

RÄUME DEIN HANDY AUF

Führe folgende Aufgaben in dieser Reihenfolge einmal im Monat durch, damit dein Handy immer gut organisiert ist.

1. Organisiere deine Apps, dann deinen Home-Bildschirm.
   - Installiere Ordner auf deinem Handy und bringe alle Apps dort unter. Sie könnten heißen »Soziale Medien«, »Fotografie«, »Leben« (für Rechner, Wecker usw.) und »andere« (unwichtige Apps, die du nicht löschen kannst).
   - Lösche alle Apps, die du nicht brauchst.
   - Lösche alle Duplikate oder ähnliche Apps.

2. Organisiere alle Medien.
   - Lösche unnötige Fotos und Videos.
   - Mach von Fotos und Videos, die du behalten möchtest, ein Backup auf dem Computer.
   - Lösche alle Fotos und Videos auf dem Handy.
   - Schalte Cloud Sharing aus.

3. Räume deine Kontakte auf.
   - Lösche alle unnötigen Kontakte.
   - Lösche alle Messages.
   - Lass Messages sich nach 30 Tagen automatisch löschen.

4. Räume deinen Kalender auf.
   - Lösche Links zu unbenutzten Kalendern.
   - Lösche unnötige Geburtstage und Feiertage.

5. Benachrichtigungen
   - Wähle aus, welche du behältst und welche du ausschaltest.

DIGITAL DETOX

Sich von elektronischen Technologien auszu-
stöpseln – jagt dieser Gedanke dir Angst ein?
Das könnte ein Grund mehr sein, es einmal
zu versuchen. Bei einer digitalen Entgiftung
nimmst du dir eine Pause von allen deinen
digitalen Geräten. Vielleicht findest du diese
Erfahrung zunächst sehr beunruhigend, und
ganz sicher wirst du dauernd dein (ausgeschal-
tetes) Handy checken.

SO GEHT DIGITAL DETOX

Schalte dein Handy komplett aus.

*Öffne weder Laptop, Tablet noch
Computer.*

Lass den Fernseher ausgeschaltet.

Keine Videospiele.

Lies ein gedrucktes Buch, kein E-Book.

Schalte die Musik aus.

*Nimm deine Apple Watch oder
Ähnliches ab.*

MINIMALISTISCHE CHALLENGE

Verbringe einen ganzen Tag ohne Internet.

Wenn du in einer größeren Zeitspanne häufiger kurze Pausen von elektronischen Geräten und den sozialen Medien einlegst, kann das deine Stimmung, dein mentales Wohlbefinden und sogar deinen Schlaf verbessern! Viele sind sich gar nicht bewusst, wie viel Zeit sie damit vergeuden, endlos durch die weiten Tiefen der sozialen Medien zu scrollen.

Es liegt an dir, welche Art Pause zu deinem Lebensstil passt, vor allem, wenn deine Arbeit elektronische Geräte und das Internet erfordert. Dein Chef wäre wahrscheinlich nicht begeistert, wenn du zur Arbeit kommst und sagst: »Oh, tut mir leid, heute habe ich meinen Digital-Detox-Tag.«

Wahrscheinlich wirst du deine digitale Entgiftung planen müssen. Du könntest zum Beispiel ein ganzes Wochenende offline bleiben, oder du kannst auch nur kurz entgiften, zum Beispiel an einem Tag bis nachmittags. Auch das Verbannen aller elektronischen Geräte (Fernsehen, Handy usw.) nur während der Mahlzeiten ist schon eine gute Sache.

Zuerst musst du dich an das bohrende Gefühl gewöhnen, jetzt eigentlich dein Handy oder deine Messages checken zu müssen. Aber wenn du es überwunden hast, kannst du viel produktiver sein. Digital Detox lässt dein Gehirn zur Ruhe kommen, weil es nicht mit Medien überschwemmt wird.

EIN MINI-MALISTISCHER ARBEITSPLATZ

1
WAS BRAUCHST DU WIRKLICH?
Überlege, was du wirklich an deinem Arbeitsplatz brauchst. Brauchst du unbedingt einen Drucker, den du nur alle paar Monate benutzt?

2
REDUZIERE KRIMSKRAMS
Überprüfe allen Kleinkram. Dienen die Sachen wirklich einem Zweck?

3
MACH DEINEN SCHREIBTISCH FREI
Nimm alles vom Schreibtisch, dann leg nur zurück, was du unbedingt brauchst.

4
SAMMELBOX
Lagere verstreute Kleinigkeiten in einer kleinen, hübschen Box. Nimm hierfür einen kleinen Behälter und leg am Ende wieder alles an seinen Ort.

5
ORDNUNGSSYSTEM
Falls bei dir überall Papiere verstreut sind, ordne sie in Schubläden oder Ordner ein. Oder digitalisiere deine Ablage, um Papier zu sparen.

6
RÄUME DEINE SCHÜBE AUF
Leere alle Schubläden und Kästen und leg nur das wirklich Nötige hinein.

7
RÄUME AUF
Nimm dir am Ende des Tages fünf Minuten, um deinen Stuhl unter den Schreibtisch zu schieben und deinen Arbeitsplatz aufzuraumen. So empfängt dich eine angenehme Umgebung, wenn du das nächste Mal an die Arbeit gehst.

8
GRÜN BELEBT
Eine Pflanze bringt Frische an deinen Arbeitsplatz.

9
INSPIRATION
Eine Pinnwand mit Bildern oder einem inspirierenden Zitat kann deinen Arbeitsplatz auflockern und ihn persönlicher gestalten.

10
PAPIERKORB
Wirf alles, was du nicht brauchst, gleich weg.

DANKBARKEITS-TAGEBUCH

Allein das Aufschreiben der Dinge, für die du
dankbar bist, kann dein Stressniveau senken,
deine Schlafqualität verbessern und dich ganz
allgemein zufriedener machen. Wenn du dir die
Zeit nimmst, eine achtsame Haltung zu pflegen
und dich regelmäßig auf all das Positive in
deinem Leben zu konzentrieren, wird dir klar
werden, was wichtig für dich ist, und du wirst
deinen Fokus auf diese Dinge richten.

MINIMALISTISCHE
CHALLENGE

Schreibe fünf Dinge auf, für die du dankbar bist.

WAS IST EIN DANKBARKEITSTAGEBUCH?

Mit einem Dankbarkeitstagebuch machst du dir alle die Dinge bewusst, für die du in deinem Leben Grund zur Dankbarkeit hast. Das kann alles sein von warmem Wetter über deine Haustiere bis zu einem köstlichen Frühstück.

WARUM SOLLTE MAN ES SCHREIBEN?

Studien haben gezeigt, dass es das allgemeine Wohlbefinden steigert, wenn man jeden Tag eine kleine Zeitspanne darauf verwendet, sich Dinge bewusst zu machen, die man wertschätzt, weil wir dadurch unseren Geist mit Dankbarkeit und Zufriedenheit füllen. Minimalisten hilft die Dankbarkeit für das, was sie schon haben, sich auf das zu konzentrieren, was da ist, anstatt über das zu jammern, was sie haben möchten.

WIE FÜHRT MAN ES?

Man braucht nur ein Notizbuch oder Journal. Nimm dir jeden Tag 15 Minuten Zeit, um alles aufzuschreiben, wofür du dankbar bist. Hake nicht nur mechanisch Dinge ab, weil du es »musst«, als wäre es eine Pflicht. Konzentrier dich wirklich darauf und denke über sie nach.

Eine interessante Methode ist auch die Dankbarkeit von A bis Z durchzugehen. Schreib zuerst alle Buchstaben des Alphabets auf, dann schreibe neben jeden Buchstaben etwas, wofür du dankbar bist, das mit diesem Buchstaben beginnt.

21 TAGE FÜR SICH SELBST SORGEN

TAG	TO-DO
1	Lies ein Buch zum Vergnügen.
2	Koch dir selbst ein gesundes Essen.
3	Mach einen Spaziergang.
4	Iss keine industriell verarbeiteten Lebensmittel.
5	Meditiere.
6	Schlafe acht Stunden lang.
7	Schalte alle sozialen Medien aus.
8	Probiere ein neues Hobby aus.
9	Suche eine neue Musik.
10	Mach eine Wanderung.
11	Mach einen Single-Tasking-Tag.

TAG	TO-DO
12	Plane einen Wochenendurlaub (oder einen Urlaub zu Hause).
13	Bleibe offline.
14	Spendier dir eine Massage oder einen Spa-Tag zu Hause.
15	Verbringe mindestens zwei Stunden draußen.
16	Pflanze etwas.
17	Praktiziere 20 Minuten lang achtsames Atmen.
18	Mach heute überhaupt nichts.
19	Plane einen Spaßtag mit einer Freundin.
20	Probiere heute etwas Neues aus.
21	Mach 30 Minuten Stretching oder Yoga.

LANGFRISTIG MINIMALISTISCH BLEIBEN

Nach dem gründlichen Ausmisten, dem Aufräumen und der Neuorganisation aller deiner Sachen fühlt sich deine Umgebung frischer an und sieht offener aus, und wahrscheinlich fühlst du dich selbst auch klarer! Nun ist es an der Zeit, Methoden und Gewohnheiten zu etablieren, damit dein neuer Lebensstil und dein aufgeräumtes Zuhause auch erhalten bleiben. In diesem Kapitel findest du Tipps, mit denen du dafür sorgen kannst, dass dein Zuhause, deine Garderobe und dein Geist nie wieder so zugemüllt werden wie früher.

NICHTS MEHR AUFSCHIEBEN

Aufschieberitis oder Prokrastination ist eine der Hauptursachen, warum man nicht das erreicht, was man sich im Leben vorgenommen hat. Anstatt endlos durch soziale Medien zu scrollen, könntest du diesen Ausbildungsabschluss schneller beenden oder an einem kreativen Projekt arbeiten, für das du eine Leidenschaft empfindest. Wenn man Dinge immer wieder vor sich herschiebt, erscheinen sie nur größer und abschreckender, wenn man sie schließlich doch in Angriff nimmt. Diese einfachen Tipps helfen dir, das Aufschieben zu vermeiden.

WENIGER-ALS-EINE-MINUTE-REGEL

Führe jede Aufgabe, die in weniger als einer Minute erledigt werden kann, sofort aus (eine E-Mail beantworten, deine Schuhe an ihren Platz stellen, anstatt sie einfach stehen zu lassen, wenn du nach Hause kommst, die Spüle auswischen usw.).

DAS SCHLIMMSTE ZUERST

Erledige die Dinge, die du am wenigsten gerne machst, als Erstes. Dann sind sie aus dem Weg, und du musst nicht mehr daran denken.

ABLEGEN VON MAILS UND DOKUMENTEN

Sortiere alle Dokumente sofort, damit erst gar keine Unordnung entsteht. Dazu gehört auch, Rechnungen sofort zu bezahlen, um Mahngebühren zu vermeiden.

SETZ DIR ZIELE

Schreibe jeden Tag eine Liste, was du an dem Tag erreichen möchtest, damit du überprüfen kannst, was du geschafft hast.

BELOHNE DEINEN FORTSCHRITT

Gönn dir eine Belohnung, wenn du eine bestimmte Anzahl Aufgaben am Tag erledigt hast. Vielleicht ist es einfach das Entspannen vor dem Fernsehen, während du dir eine Folge deiner Lieblingsserie anschaust, oder das Lesen eines Kapitels in dem Buch, das du zu Ende lesen möchtest, oder irgendetwas anderes, womit du dich selbst verwöhnst.

SYSTEM EINES-NEU/ EINES-WEG

Nachdem du alle deine Sachen durchgesehen, ausgemistet und bestimmt hast, was zu deinem Lebensstil passt und was nicht, musst du nun vermeiden, von Neuem Dinge anzuhäufen. Das Eines-neu/eines-weg-System ist eine bewährte Methode, um das neuerliche Anhäufen von Dingen und unnötiges Kaufen zu vermeiden.

WAS IST MIT EINES-NEU/EINES-WEG GEMEINT?

Jedes Mal, wenn du etwas Neues kaufst und bei dir unterbringst, musst du dich im Gegenzug von etwas Altem trennen.

Dieses System erfordert viel Disziplin und Übung. Und denk dran, entferne das zum Weggeben Bestimmte sofort – schiebe es nicht auf. Dann wirst du mit dieser Methode sehr erfolgreich sein.

HEISST EINES-NEU/EINES-WEG, ETWAS ENTSPRECHENDES ZU ENTFERNEN?

Du musst die Methode nicht unbedingt nur für Sachen anwenden, die zur selben Kategorie gehören, aber das ist anfangs am einfachsten. Wenn du also ein T-Shirt gekauft hast, kannst du ein anderes T-Shirt aussortieren. Du könntest dich aber stattdessen auch von einer Hose trennen – oder einem Buch, einem Krug oder einem Haushaltsgegenstand.

AUSWÄHLEN, WAS WEGKOMMT

Weniger zu kaufen, ist die beste Option, aber sonst hilft dir das Eines-neu/eines-weg-System, das erneute Anhäufen von Dingen zu vermeiden, das dich sonst zwingen würde, immer wieder gründlich auszumisten. Hast du also erst einmal etwas Neues gekauft, stell dir die Fragen in dem Diagramm auf der rechten Seite, um zu entscheiden, welches Stück im Gegenzug wegkommt.

Oder noch besser – beantworte die Fragen, bevor du etwas Neues kaufst. Wenn du nichts weggeben willst, kauf auch nichts.

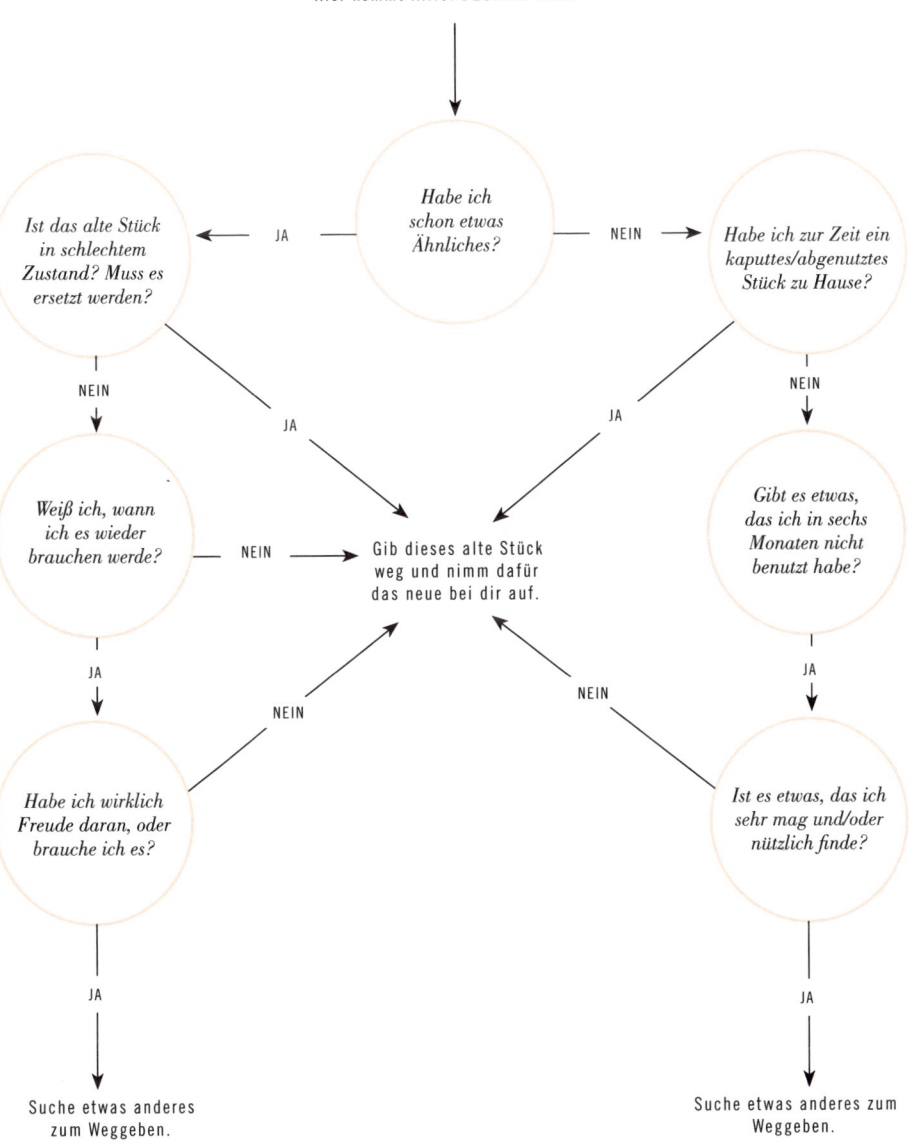

Du hast etwas Neues gekauft, und nun musst du etwas anderes
loswerden. Aber du kannst dich nicht entscheiden, was weg soll.
Hier kommt Hilfe. BEGINNE HIER.

Habe ich schon etwas Ähnliches?

JA

Ist das alte Stück in schlechtem Zustand? Muss es ersetzt werden?

NEIN

Habe ich zur Zeit ein kaputtes/abgenutztes Stück zu Hause?

NEIN

JA

JA

Weiß ich, wann ich es wieder brauchen werde?

NEIN

Gib dieses alte Stück weg und nimm dafür das neue bei dir auf.

JA

NEIN

Gibt es etwas, das ich in sechs Monaten nicht benutzt habe?

NEIN

JA

Habe ich wirklich Freude daran, oder brauche ich es?

Ist es etwas, das ich sehr mag und/oder nützlich finde?

JA

JA

Suche etwas anderes zum Weggeben.

Suche etwas anderes zum Weggeben.

NULL-
AUSGABEN-TAGE

Sich vorzunehmen, an bestimmten Tagen kein
Geld auszugeben, kann die Gewohnheit stär-
ken, verantwortungsbewusster mit seinem Geld
umzugehen. Das heißt nicht, dass du deine
Rechnungen nicht bezahlen sollst. Es heißt nur,
einfach nichts zu kaufen, das du nicht wirklich
brauchst. Mach dir beispielsweise morgens
deinen Kaffee zu Hause, anstatt dir unterwegs
einen zu kaufen, lass dieses Online-Klamot-
ten-Kaufen und lauf nicht in letzter Minute los,
um Lebensmittel zu besorgen.

EIN-MONAT-CHALLENGE MIT NO-SPEND-TAGEN

Übertrage für den nächsten Monat – oder warum nicht gleich anfangen? – folgende sieben Tage mit No-spend-Challenge in deinen Kalender und kaufe an diesen Tagen nichts. Es ist leichter, als du denkst!

SONNTAG	MONTAG	DIENSTAG	MITTWOCH	DONNERS-TAG	FREITAG	SAMSTAG

WUNSCHLISTEN

Wunschlisten sind eine sehr wirkungsvolle Methode,
um sich an das neu aufgestellte Budget zu halten
oder seine Ausgaben zu verwalten.

MACH EINFACHE LISTEN

Stell drei Listen auf, um dir klar zu werden, was
du brauchst und was du gerne haben möchtest.
Nenn eine »Brauche ich«, eine »Möchte ich«
und die letzte »Wünsche ich mir«.

Brauche ich

Für Sachen, die du in nächster Zeit brauchst.

Möchte ich

Hierher gehören Sachen oder Erlebnisse, die
du haben oder machen möchtest und die deine
Mittel dir erlauben.

Wünsche ich mir

In diese Kategorie fallen alle Käufe oder
anderen Wünsche, für die du im Moment nicht
das Geld hast – zum Beispiel eine größere
Anschaffung.

Egal, wie du deine Wunschlisten notierst (Ideen
stehen in der rechten Spalte), lass alle Dinge
30 Tage lang in der Liste, bevor du etwas unter-
nimmst, um sie zu kaufen. (Das gilt natürlich
nicht für Dinge, die du nur befristet kaufen
kannst, wie zum Beispiel Tickets für deine
Lieblingsgruppe oder Aktivitäten, an denen
du teilnehmen möchtest, oder Sachen in
deiner Brauche-ich-Liste.)

VERSCHIEDENE WUNSCHLISTEN-ARTEN

Schreibe eine Liste

Auf althergebrachte Art.

Lesezeichen

Du sicherst das, was du haben möchtest,
einfach als Lesezeichen in deinem Browser.

Foto

Mach im Laden ein Foto von der Sache und
leg es im Handy zu den Favoriten in deinem
Fotoalbum. So hast du es im Gedächtnis.

LEBEN MIT EINEM NICHT-MINIMALISTEN

Okay, du willst mit deinem minimalistischen Lebensstil fortfahren, aber was ist, wenn die Person, mit der du zusammenlebst, damit nichts zu tun haben will? Du kannst anderen deinen Stil nicht aufzwingen, und auf keinen Fall solltest du bei ihnen ausmisten – so bringst du sie nur dazu, diesen Lebensstil abzulehnen und womöglich sogar böse auf dich zu sein. Hier sind ein paar Tipps, wie du für das Leben mit einem Nicht-Minimalisten eure Umgebung so gestaltest, dass ihr euch beide darin wohlfühlen könnt.

LASS DEIN BEISPIEL WIRKEN

Egal, welchen Lebensstil du gewählt hast,
dränge ihn nie jemand anderem auf.

MACH EIN SPIEL DARAUS

Schlag zum Beispiel eine Challenge wie »jede
Woche fünf Sachen weggeben« vor und mach
das dann gemeinsam mit der Person oder den
Personen, mit denen du zusammenlebst.

MACH KOMPROMISSE

Wenn die Person, mit der du zusammenlebst,
meint, dass sie eine bestimmte Sache in ihrem
Leben unbedingt braucht, lass sie diese Sache
haben. Du kannst über gemeinsame Räume
keine absolute Kontrolle haben.

PERSÖNLICHE RÄUME

Schaff dir einen Ort in deinem Heim, den du
so minimalistisch halten kannst, wie du willst,
und andere sollten ihren Ort haben, den sie so
chaotisch lassen können, wie sie möchten.

ORGANISATION

Wenn andere nicht ausmisten wollen und es
dich wirklich sehr stört, rede mit ihnen darüber!
Vielleicht nimmt die andere Person deine Hilfe
an, um den Raum so zu organisieren, dass er
ordentlicher aussieht.

»*Überarbeite dein Leben häufig und schonungslos.*
Schließlich ist es dein Meisterwerk.«

– Nathan W. Morris, Finanzcoach, Autor und Vortragsredner

DK Indianapolis

Programmleitung Mike Sanders, Billy Fields
Lektorat Nathalie Mornu
Gestaltung Rebecca Batchelor
Illustrationen Rachel Spoon
Fotos und Text Rachel Aust

Für die deutsche Ausgabe:
Programmleitung Monika Schlitzer
Redaktionsleitung Anne Heinel
Projektbetreuung Doreen Wolff
Herstellungsleitung Dorothee Whittaker
Herstellungskoordination Arnika Marx
Herstellung Inga Reinke

Titel der englischen Originalausgabe:
Less. A visual guide to minimalism

Übersetzung Gabriele Lichtner
Lektorat Daniela Hansjakob
Umschlaggestaltung Jürgen Katzenberger, München

Umschlagabbildung: 123rf: kantver

ISBN 978-3-8310-3758-2

Druck und Bindung TBB, a.s., Slowakei

www.dorlingkindersley.de

ÜBER DIE AUTORIN

Rachel Aust ist Fashion-Expertin und Beauty-Fotografin und begann ihre YouTube-Karriere 2015 als Möglichkeit, ihre Kreativität durch Videografie zu erforschen und ihre Leidenschaft für Minimalismus und Organisation mit anderen zu teilen. Sie hat Ausbildungen im Bereich der Ernährung und Fitness absolviert und ist Inhaberin einer Fitness-Marke. Rachels Anliegen ist es, gesundes Wohlbefinden zu fördern, sowohl des Körpers – durch Fitness – als auch des Geistes – durch Minimalismus. Sie glaubt daran, dass man es erreichen kann, seine Möglichkeiten im Leben voll auszuschöpfen, indem man sich von mentalen und physischen Ablenkungen befreit. Rachels minimalistischer Lebensstil hat sie befähigt, ihr ideales Wohnumfeld zu schaffen, Stress zu reduzieren und ihre Reise mit anderen zu teilen.